Benares.
Stad van goden, hart van India

Winand M. Callewaert
Robert Schilder

INHOUDSTAFEL

VOORWOORD

Dit is niet zomaar een prentenboek over Benares dat je in elf minuten kan doorbladeren. Er is meer.

Wie voor de eerste keer Benares bezoekt kan onder de indruk zijn van de lawaaierige machines die stroom genereren voor winkels en privé huizen; van de schuivende blote voeten die over de stofferige zandstenen trappen bewegen; van de schreeuwende luidsprekers met religieuze en andere muziek; van ontelbare riksja's en kamikaze scooters; van de zalige vrede in de Krishnamurti Foundation juist voorbij de Ramnagar bridge; van bellen en klokken om zes uur 's morgens in wie weet hoeveel tempels; van vechtende honden, en van de zo rustige bewegingen van een vrouw die op Asi ghat water giet over een Lingam; van een oude verkoper op het voetpad die maar blijft murmelen zonder op te kijken: *'Siyaram, siyaram* en kom en koop mijn snoepjes'; van de echo's van het houthakken en het knetteren van de vuren op de crematiegrond; en zoveel meer andere geluiden in de dagelijkse kakofonie van deze wriemelende stad.

Wat je hoort en ziet en riekt in Benares kan je bij je eerste bezoek in de war brengen. De populaire spreuk over Benares, "Weduwen, stieren, trappen en asceten, als je die kan vermijden kan je leven in Benares", is maar een deel van de waarheid. Wat is het in Benares dat zo sterk afstoot en toch zovelen onherroepelijk blijft aantrekken. Het kan toch niet alleen maar het prachtig zicht zijn op de stad gezien vanuit de rivier, of de kleurrijke stegen, of de devotie van dappere vrouwen en mannen, jong en oud, die een bad nemen in de niet zo reine en soms koude Ganges, of de eeuwigdurende preken van de brahmanen die een leven lang op hun platformpje zitten, onder een zonnescherm, op de *ghats* langs de rivier. Of zomaar de atmosfeer van de rivier? Wat is het? Het antwoord vind je alleen in het hart van elke bezoeker, want Benares legt je ziel bloot. Robert en ik hebben ons antwoord gevonden en dat willen we u meedelen, in beelden en in woorden.

Benaras. City of Light is een bekend epitheton voor de stad die licht brengt in het hart van de bezoeker, en zijn *zelf* verlicht dat gevangen zit in deze materiële wereld. Ligt in dat contrast, tussen het geestelijke en het materiële de eerste aantrekking of afkeer voor Benares? Blijkbaar zonder enig respect voor het materiële worden lijken zomaar rondgezeuld en neergegooid. Wordt daarmee beduid dat in feite het *zelf* alleen belangrijk is? Deze en gelijkaardige ervaringen kunnen de bezoeker aanvankelijk afstoten, maar langzaam groeien ze als een zacht licht dat je nooit meer verlaat als je een tijdje in Benares hebt gewoond.

Benares is niet alleen de stad van Shiva. Heel belangrijk ook zijn de schrijnen en sites gewijd aan Vishnoe, en aan zijn 'neerdalingen' Varah (de Ever) of Ram. Ook Ganesh wordt overal aangetroffen en geen enkele pelgrim zal hem voorbijgaan. En dan zijn er nog Hanuman, de helper van Ram, en de 'moeder' Annapurna, en Shitala Devi, en nog zovele gordijnen die geopend worden om het sacrale te laten zien. Het is ook de stad van Bhairav en van Durga. Het is een heilige hindoestad, maar 38% van de inwoners zijn moslim en, volgens Rana Singh, zijn er 2.400 moslim schrijnen. In 1996 werd de bevolking van groter Benares op 1.5 miljoen geschat.

Benares is niet alleen een heilige stad. Het is een zeer menselijke stad, misschien zonder gelijke tussen de bedevaartplaatsen in de wereld, maar toch ook een werk van mensen.

Dit boek is het resultaat van een bijzonder aangename samenwerking tussen Robert Schilder die in Benares zijn hart verloor en er verscheidene keren verbleef; de foto's zijn van hem; en Winand Callewaert die twee jaar in Benares Sanskriet studeerde. Wij danken graag Dr. Rana Singh, Benares Hindu University, die ons heeft toegestaan om zijn vakkundige kaart te drukken, en voor al zijn raadgevingen; Dr. Bhanushank Mehta voor het interview dat veel langer en rijker was dan de synthese die ik hier geef; Prof. P. Lutgendorf, Iowa, USA en Prof. Jonathan P. Parry en hun uitgevers voor de toelating om enkele mooie stukken over Benares hier in vertaling te geven. Ik dank ook Isabelle Bermijn voor haar boeiende impressies. De gebeden tot Shiva en Vishnoe op het einde van elk hoofdstuk zijn vertaald uit Ramanujan's uitgaven, die van Ganesh zijn van Paul B. Courtright.

1. Op bedevaart naar het verleden

Om vier uur 's morgens stonden de pelgrims op om met de bus te vertrekken precies om vijf. Verscheidene vrouwen die de bedevaart voor de eerste keer meemaakten — het zou ook de laatste keer zijn! — konden niet beslissen wat ze in hun valies niet zouden meenemen en waren te laat. Dan ging het jongetje dat drie weken lang zou meereizen om de deur van de bus te openen, de vensters te wassen en o.k. te fluiten als de bus ergens achteruit moest manoeuvreren terug naar huis en daagde niet meer op. De bus startte uiteindelijk om 2 uur in de namiddag. Wat kan een halve dag uitmaken als je op de bedevaart van je leven bent? De reis begon in Pushkar in het westelijke Rajasthan en ging over een aantal belangrijke plaatsen langs de heilige rivieren tot in Puri aan de golf van Bengalen. De chauffeur probeerde om de verloren tijd in te halen door 's nachts te rijden: daar heeft iedere Indiase chauffeur een hekel aan en vele passagiers zijn er doodsbang voor. De reis zou enkele dagen langer duren dan de geplande drie weken. Immers, in geen enkele heilige rivier mocht het ritueel bad worden overgeslagen.

Een pelgrimstocht moet beginnen in Pushkar, zo was het voorgeschreven in alle teksten die met bedevaarten te maken hebben, vanaf het *Mahabharat*epos (ca. 200 vóór Christus). 'Je moet beginnen in Benares, dé bedevaartplaats bij uitstek', zou een westerling denken. Fout! Je begint in Pushkar, misschien omdat er in de tijd van het *Mahabharat*epos in Pushkar een bloeiende cultus was van de god

Brahma. En wellicht was Brahma toen een veel belangrijker godheid dan Shiva die nu in Benares de kroon spant. Toeristen trekken elk jaar in oktober in grote getallen naar Pushkar, niet zozeer om er de enige nog in functie zijnde tempel te bezoeken die aan Brahma is gewijd, maar vooral om er de kamelen en de Rajasthani boeren met kleurrijke tulbanden te fotograferen. Nergens heb ik zoveel camera's en lenzen op één plaats bij mekaar gezien. In het *Mahabharata*epos wordt het duidelijk gesteld: een bezoek aan Pushkar brengt evenveel verdiensten op als het organiseren van tien Paarden-offers. Je weet wel: in de vedische tijden werd een paard voor één jaar door een koning losgelaten, en het gebied dat door het paard werd doorkruist werd door de koning ingepalmd. Het paard werd dan ritueel geslacht terwijl de koning vruchtbaarheid afsmeekte door te masturberen. Ongehoorde verdiensten kon de koning zodoende verwerven. De verdiensten van niet minder dan tien zulke offers verwerf je als je Pushkar bezoekt! Een bezoek aan Benares, lezen we in het epos, staat gelijk met (de luttele verdienste van) het organiseren van een koninklijke kroningsritus.

Dit boek gaat wel degelijk over Shiva en 'zijn' stad Benares, maar in het *Mahabharata*epos wordt Shiva zelfs niet geassocieerd met een of andere heilige plaats. Daar is alleen sprake van (de vedische god) Rudra of — een aangename vaststelling voor feministen — van 'de echtgenoot van Uma'. De cultus van vruchtbaarheidsgodinnen heeft ook in India stilaan moeten plaatsruimen toen de 'mannelijke goden' hun intrede deden. De lezers die trouwe volgeling zijn van Shiva kan ik wel gerust stellen: in hetzelfde epos wordt ook geen enkele heilige plaats op de voorgeschreven route geassocieerd met de andere mannelijke goden, Vishnoe of Krishna. Ook zij doen pas later hun intrede.

Elke pelgrim in de bus had zijn of haar eigen redenen. Sommigen reisden mee omdat ze de heilige plicht hadden om binnen de twaalf dagen na de crematie van een familielid de 'bloemen' in een heilige rivier te deponeren. Deze bloemen zijn de as- en beenderresten die van de brandstapel overblijven. Een belangrijke stop op de route was Hardvar langs de Ganges ten noorden van Delhi. Daar komt de Ganges uit de bergen de vlakte in, en heeft er nog altijd een sterke stroming. Het water is er ook zuiverder dan in Benares. In Hardvar gooiden de bedevaarders de 'bloemen' en de zware last van deze verplichting (zie verder, hoofdstuk 4) in de rivier en konden de reis opgelucht en met meer plezier verder zetten. In Allahabad waar de Yamuna en de Ganges samenvloeien en waar om de twaalf jaar miljoenen asceten — van allerhande pluimage, sommige ook zonder pluimage — en bedevaarders voor een ritueel bad samenkomen, lieten de mannelijke pelgrims hun hoofd kaal scheren. Nog iets meer oostwaarts, in Gaya waar de Boeddha zijn verlichting had, werden de rituele rijstballetjes geofferd voor de overledenen.

Op weg naar Benares tenslotte wisten alle pelgrims dat ze naar een 'zeer oude' stad trokken. Met 'oud' bedoelt men niet '... eeuwen', maar oud en eerbiedwaardig. Iedereen *zegt* immers dat Benares de oudste stad in India is. Wat mensen zeggen is dan niet gebaseerd op het feit dat archeologen nu bewijzen hebben dat er sporen van een nederzetting zijn daterend van 800 vóór Christus, of dat er geen enkele twijfel bestaat over het feit dat rond 500 vóór Christus Benares de stad bij uitstek was als je een idee wilde verkopen — de Boeddha gaf er zijn eerste preek —. Nee, als mensen dat beweren durft niemand het tegenspreken en het wordt met luid gezag verkondigd door de brahmanen op de oever van de Ganges. Iedere pelgrim weet het natuurlijk wel. Of je nu in Hardvar bent of in Rameshvaram, in Puri of in Vrindaban: elke lokale priester zal stellig beweren dat zijn stad, en liefst nog zijn tempel het centrum is van het universum, en dat je er verdiensten kan verwerven zoals nergens elders. Maar wat men zegt over Benares heeft juist dat klein beetje meer gezag dat niemand er durft aan twijfelen: hier staan we op de diepste wortels van de hindoereligie. Zelfs als de doorsnee pelgrim ze nooit te zien krijgt, is hij toch vol bewondering voor de Sanskriet teksten zo vlot door de priesters geciteerd om de lof van Benares te zingen.

Onderzoekers stellen dat het oudste werk waarin de lof van Benares wordt gezongen de *Kashi Khanda* is, wellicht gedicht rond 1200 na Christus. Het is een reusachtig werk in het Sanskriet dat — en daaraan twijfelt niemand — zijn vorm kreeg in het geheugen van pientere dichters, lang vóór het werd neergeschreven. Het bestaat uit 11,000 verzen en is zodoende ongeveer de helft van het *Ramayan*epos. De redactie zal wellicht meer dan een eeuw hebben geduurd en is het resultaat van de geniale dichtkunst van meerdere generaties. Verschillende personen hebben er in de loop van de tijd hun creaties aan toegevoegd. Uit die schatkist hebben latere dichters dan weer geput, en dit doen de hedendaagse brahmanen op de oever van de Ganges nog altijd. De mythologie van de *Kashi Khanda* is tegelijk lokaal en universeel. Terwijl de lof van Benares als de ultieme plaats wordt bezongen, wordt er tegelijk op gewezen dat Benares maar één stap is in een lange wandeling die over het gehele subcontinent leidt. Maar in deze eulogie wordt er wel voortdurend op gewezen dat elke Lingam in Benares, elk schrijn een eigen geschiedenis heeft die teruggaat tot mythologische tijden. Elke Panda, de brahmaan die de pelgrims (en hun geld) opvangt (zie blz. 69), heeft wel zijn eigen sterk verhaal dat hij moet brengen. De buschauffeur is nerveus, de pelgrims zijn achterdochtig en een Panda is een beproefde 'verkoper'. Hij moet pittig vertellen als hij het verhaal brengt van de onthoofding van Brahma door Shiva, of van de ascese en de frivole avonturen van Shiva 'als asceet', of van het offer van Shiva's schoonvader Daksha die er een geitekop aan overhield, of van het gevecht tussen Durga en de buffeldemon waarbij het bloed over geheel de kosmos spatte, enzovoort.

Meer dan een dozijn werken in het Sanskriet werden sinds de jaren 1000 over Benares en al zijn verhalen geschreven. Een bijzonder interessant werk is de *Kashi Rahasya*, waarin — het zal velen wellicht verbazen —, Vishnoe evenveel aandacht krijgt als Shiva. Is dat het gevolg van een tijdelijk sterk aangevoelde noodzaak om Benares als heilige grond van én Shiva én Vishnoe te verklaren? Vele hindoes vereren inderdaad vooral Vishnoe, of een van zijn incarnaties. Vermeden zij Benares, tot op een bepaald ogenblik bleek dat ook Vishnoe mystiek aanwezig is in Benares? In de *Kashi Rahasya* tekst lezen we trouwens dat Benares ook gezien wordt als de geografische manifestatie van de 'oppergod' Brahma. In dat boek komt iedereen aan zijn trekken en worden de sectarische disputen tussen de volgelingen van Shiva en van Vishnoe overstegen. In Benares is iedereen welkom om te zien wat mensen niet kunnen zien. Als je die teksten leest word je nostalgisch naar de tijden toen Benares een paradijselijk bos was langs een zuivere rivier. In de schaduw van de hoge bomen zaten asceten te mediteren na hun bad in de rivier; fruit allerhande hing zomaar aan de bomen. Later kwamen er theehuisjes en hotelletjes bij om de pelgrims te herbergen en Benares verloor zijn idyllische charme. Het is nu een lawaaierige, vervuilde stad, maar wat zal het zijn na 25 jaar? Ik wil het niet meemaken!

Wie iets wil vernemen over het oude Benares moet natuurlijk de oudste bronnen bestuderen: inscripties, munten en reisverhalen. En daar zijn ook nog de oude mythologische of semi-mythologische verhalen. De oudste verwijzing die we vinden is in de *Atharva-veda* (ca. 1000 vóór Christus?). De plek had toen de naam Kashi. Enkele eeuwen later wordt Kashi vermeld als een koninkrijk waarvan Benares (Varanasi) de hoofdstad is. De Varana rivier is een bijrivier van de Ganges en wordt in oude teksten ook 'Varanasi' geheten. Wellicht vinden we hier de meest zinvolle etymologie van de oude naam Varanasi, die de Britten als 'Benares' uitspraken. Amerikanen schrijven nu graag 'Banaras'. Maar er zijn nog vele andere namen voor de stad, al naargelang de specifieke eigenschap van de site: *Kashi*, 'stad van de Kashis' of 'stad van licht', *Rudravasa* of 'woonst van Shiva' (Rudra), *Avimukta* of 'de stad die nooit door Shiva wordt verlaten', *Anand-van* of 'bos van zaligheid', enzovoort.

Als je in Benares komt
Maak vrede met de dood
Want het leven begint.

Als je hier zou sterven,
Heb je groot geluk:
De pelgrim
Verwerft er vele levens.

Tadeus Pfeifer

2. Een wandeling rond Benares. Macrokosmische orde

Ik probeer het te begrijpen, maar het lukt niet. Mij geeft het geen inwendige betekenis aan mijn leven op aarde. Maar het was betekenisvol, zeer betekenisvol voor Indiërs in het oude India, en het heeft een betekenis voor vele bewoners van Benares en voor de talloze bedevaarders. Het is de visie van de macrokosmische orde. De zieners in het oude Indië stelden zich een macrokosmos voor waarin elk individu, en de omgeving waarin ze leven, een spiegelbeeld vindt. Is dit de ideeënwereld van Plato, of nog iets anders? In Benares is er veel meer te zien dan het oog kan zien. De vraag is: hoe kan een mens harmonie vinden in het leven, of hoe kan een maatschappij goed functioneren? Het antwoord is: door de harmonie die heerst in de niet zichtbare macrokosmos te brengen naar het niveau van de microkosmos waarin wij leven, de microkosmos die we zelf zijn. In christelijke terminologie zouden wij wellicht zeggen dat we geschapen zijn naar het beeld van God, en dat wij in de gelijkenis met God onze diepe harmonie kunnen vinden. In de Indische context wordt de kosmische harmonie slechts gedeeltelijk met God geassocieerd.

De sacrale macrokosmos is een constructie van het verstand; een constructie die een veilig kaderwerk biedt aan het individu om zichzelf in te plaatsen. Elke mens zoekt naar harmonie om de inwendige duivel te temmen en de sociale chaos aan te kunnen. Die harmonie kan/kon je vinden in de kosmische harmonie die je moet laten neerdalen naar je persoonlijke, of naar je maatschappelijke situatie. Uit dit inzicht ontstond een complexe symboliek. Een site zoals Benares — en zoveel andere sites en tempelsteden in India — rijst als een stralende zon als we het macrokosmisch inzicht kunnen vatten, of er tenminste de symboliek van kunnen onderkennen in de struktuur van de stad, in de stegen en in de stenen.

Wat is dan dat inzicht en hoe kunnen we het in Benares terugvinden? Het ideaal is in feite dat de mens de kosmos zou rondreizen en daar de struktuur van de harmonie zou vinden die voor hem of haar toepasselijk is. Maar wie kan dat nu doen? Dat is onmogelijk of misschien alleen weggelegd voor asceten met een grote visie? Wie zou aan zo een reis door de sterren durven denken? Het antwoord is: iedereen! Immers, in het plan van de stad, in de struktuur van een tempel, in de geografie van Benares vind je de struktuur van de macrokosmos symbolisch terug. Je moet dus niet ver lopen. Volg de voorgeschreven wandelroutes rond de stad en je wandelt rond de kosmos. Zo eenvoudig is het. Deze wandeling zal je oog in oog brengen met de kosmische harmonie waarover iedereen spreekt en waarnaar iedereen hunkert. Kijk uit voor de tekens van die kosmische harmonie in elke steeg, bij een schrijn, bij het beeld van een godheid (en doe een schenking aan de brahmaan die erbij zit!), en je zal je weg naar de harmonie vinden. Al het goddelijke zal ergens in één beeld zijn samengebald, het gehele universum ligt aan je voeten als je over de hobbelige paden stapt en de steile trappen beklimt of afdaalt. Je maakt een wandeling door de kosmos als je door Benares stapt.

1. Als je echt door het gehele universum wil stappen, kan je de 300 kilometer lange voettocht doen rond Benares. Weinig mensen doen het dezer dagen nog, misschien ook omdat het pad in de stedelijke uitbreiding en de overbevolking aan het verdwijnen is. De route is minutieus beschreven in Sanskriet teksten, waarin elke godheid staat vermeld die je onderweg kan ontmoeten; elk symbool wordt er ook nauwkeurig in uitgelegd. Ongelooflijk maar waar: het zijn onderzoekers tijdens het laatste decennium die langzaam deze route opnieuw aan het ontdekken zijn, door de teksten te vergelijken met de bestaande sites. Zoals in de kleinere routes (zie verder) begint en eindigt ook deze tocht aan het centrum van het universum, de pilaar

waarop alles rust: de Vishvanath Temple of 'gouden tempel' (Vishvanath is 'de Heer van het universum', Shiva). Hoe sterk moet een bedevaarder zich wel voelen als hij deze tocht voltooid heeft, al zijn bezittingen op zijn hoofd ronddragend en gevolgd door zijn vrouw en kinderen!

2. De meeste pelgrims zijn tevreden met een kortere wandeling rond de kosmos. "Stap de ongeveer 90 kilometer lange *Panchakroshi Ommegang*, en je zal heel zeker bevrijding van hergeboorte bereiken na dit leven!", wordt ons op het hart gedrukt in een tekst uit de 12e eeuw. Ikzelf ben niet zeker of deze wandeling echt die garantie kan bieden, maar de beschrijving van de toer is precies en heel duidelijk. En hij duurt vijf dagen. Onderweg op deze verkorte kosmische wandeling ga je precies 108 — een heilig cijfer in de hindoetraditie — heiligdommen ontmoeten. Je moet natuurlijk een grote voorraad munten of eventueel bankbriefjes meedragen, want bij vele van die kosmische centra zal een priester zitten die een kleine bijdrage verlangt. Toevallig is het niet dat de wandeling loopt in de richting van de wijzers van het uurwerk: zo loop je altijd met je rechterhand naar het centrum van het universum, de gouden tempel. Rechts is de gunstige en reine kant van je lichaam. Je zal niet alleen zijn als je deze wandeling maakt tijdens de 13ᵉ maand die om de drie jaar aan de hindoekalender wordt toegevoegd. Tienduizenden bedevaarders verkiezen om dan rond de kosmos te stappen.

Het is niet enkel om verdiensten te verwerven dat pelgrims in en rond Benares stappen. De *Panchakroshi Ommegang* vergeeft ook alle zonden en na de wandeling kan je met een verse lei starten in het leven. Jawel, zelfs de monsterlijke zonde van het slachten van een koe kan worden vergeven als je zo rond Benares stapt. De lokale priester zal je aanmanen het niet op te geven, zelfs als je de zwaarste zonden hebt bedreven. Er zijn toch roemruchte voorbeelden, zegt hij en hij vertelt dan bijvoorbeeld het verhaal van Shiva die woorden had met Brahma (zie 6; Bhairav). Het ene leidde tot het andere en in een opwelling van woede hakte Shiva het vijfde hoofd van Brahma af. Zomaar, met de nagel van zijn kleine pink hakte Shiva het hoofd af. Maar Brahma had zijn zoete weerwraak: de kop bleef gewoon aan die nagel plakken en kon er niet af. Wat kon Shiva anders doen dan een boetetocht naar Benares te ondernemen? Op een bepaalde plaats in Benares slaagde hij erin de schedel kwijt te geraken: die plaats is beroemd en staat bekend als Kapal Vimochan ('de plek waar Shiva verlost werd van de schedel') en elke pelgrim gaat er zeker naar toe. Shiva kon er verlost worden van zijn zonde. Waarom ook wij niet? Zo een zonde zullen wij toch nooit bedreven hebben! En ja, zijn ook Ram en zijn broers niet naar Benares gekomen om vergeving te krijgen voor het doden van de Ravan? Ravan was wel een demon, maar moord is moord. Ga maar op stap, en je zonden zullen worden vergeven.

अन्य क्षेत्रे कृतं पापं पुण्य क्षेत्रे विनश्यति ।
पुण्य क्षेत्रे कृतं पापं गङ्गातीरे विनश्यति ॥
गङ्गातीरे कृतं पापं काशीं प्राप्य विनश्यति ।
काश्यां तु यत्कृतं पापं वाराणस्यां विनश्यति ॥
वाराणस्यां कृतं पापमविमुक्ते विनश्यति ।
अविमुक्ते कृतं पापमन्तगृहे विनश्यति ॥
अन्तरगृहे कृतं पापं वज्रलेपो भविष्यति ।
वज्रलेपच्छिदं ह्येतत्पंचक्रोश प्रदक्षिणम् ॥
तस्मात्सर्वप्रयत्नेन कुर्यात् क्षेत्र प्रदक्षिणाम् ॥

Hieronder volgt in vertaling deze Sanskriet tekst uit de *Brahmavaivarta Poeran*, een lof op Benares. In concentrische cirkels gaat de dichter naar de sterkst geladen boetedoening in de stad:

Als je ergens een zonde zou hebben bedreven,
dan wordt je zonde je vergeven in deze heilige plaats Benares.
Als je in deze heilige plaats Benares een zonde zou hebben bedreven,
dan wordt je zonde je vergeven op de oever van de Ganges.

Als je op de oever van de Ganges een zonde zou hebben bedreven,
dan wordt je zonde je vergeven in het centrum Kashi.
Als je in het centrum Kashi een zonde zou hebben bedreven,
dan wordt je zonde je vergeven in Varanasi.
Als je in Varanasi een zonde zou hebben bedreven,
dan wordt je zonde je vergeven binnen de Avimukta cirkel.
Als je binnen de Avimukta cirkel een zonde zou hebben bedreven,
dan wordt je zonde je vergeven 'binnen in het huis'[1].
Als je 'binnen in het huis' een zonde zou hebben bedreven,
dan wordt je zonde hard als plaaster.
Om deze plaaster te breken is er maar één oplossing: de Panchakroshi
ommegang.
Aarzel daarom niet en ga de Panchakroshi wandeling maken.

Let wel goed op. Zondig in geen geval tijdens de Panchakroshi wandeling, want dat is pas een zonde! Vermijd angstvallig elke zweem van lust, woede en naijver als je op dat pad stapt. Denk eraan om, ook zonder het te weten, zelfs maar één insect niet onder je voet te krenken. 'Hoe kan dat nu?', zullen sommigen opwerpen en aarzelen om de tocht te doen. Maar je moet in alle geval de *Ommegang* doen, eventueel slechts symbolisch, door rond de Panchakroshi Tempel te stappen in het centrum van de stad. Benares heeft iets voor elk uithoudingsvermogen, voor elk niveau van devotie. Het grotere is altijd ook aanwezig in het kleinere, zoals de Russische poppenkopjes, en uiteindelijk kan je ook wel de gehele kosmos vinden in je eigen hart! Als je dat kan realizeren, dan hoef je niet meer op stap te gaan.

Maar als je zeker wil spelen, stap dan toch maar de *Panchakroshi Ommegang* en stop bij elk van de 108 schrijnen. Dan ben je rond de gehele kosmos gegaan.

3. Je moet het toegeven, eventjes rond de Panchakroshi tempel stappen is toch maar een flauwe afkorting van een afkorting, en je kan toch maar best tenminste de Stadstoer (*Nagar pradakshina*) doen: één dag, en slechts 25 kilometer! Het beste ogenblik is wel de volle

---

[1] Met 'binnen in het huis' wordt het allerheiligste van de gouden tempel, de Vishvavanath tempel bedoeld.

maanperiode in november-december, en het maximum aan verdienste verwerf je als je eerst een bad neemt in de Ganges. 's Morgens om vijf uur in de winter kan dat bitter koud zijn! De beste plaats is in de buurt van de crematiegrond (*Mani-karnika ghat*) en daarna ga je een bezoekje brengen aan Heer Shiva in de gouden tempel. Als je de toer voltooid hebt en je hebt de 72 — heilig nummer! — schrijnen bezocht, ga dan voor de slotceremonie naar het *Jnan Vapi Paviljoen* bij de gouden tempel. Daar moet je al de 72 namen van de schrijnen en godheden opsommen. Je vraagt er ook best vergiffenis voor het geval je er eentje zou hebben vergeten, of als je onderweg ergens niet genoeg zou hebben geschonken aan de brahmaan bij het schrijn. Ook als je ergens je gedachten hebt laten afdwalen naar minder verheven zaken. Al die zonden kunnen worden vergeven als je aan de brahmaan bij het Paviljoen en forse schenking doet. (Het beheer van dit paviljoen is een erfelijk monopolie van één bepaalde, hoge kaste brahmaanse familie). Totale zuivering in één dag!

4. Je mag van geluk spreken als je tijdens die *Ommegang* niet bent overleden. Immers, je bent tijdelijk buiten de sacrale cirkel gegaan, de *Avimukta Zone* die 'nooit door Shiva wordt verlaten'. Het is binnen die cirkel dat je in feite zou moeten sterven als je voor altijd bij Shiva wil zijn. Met bombastische superlatieven wordt in Sanskriet teksten de grootsheid van deze sacrale cirkel beschreven. Er is maar één probleem: de zone is nergens echt precies gedefinieerd! Waar ben je precies buiten de zone, dat weet niemand. Je kan natuurlijk zeker spelen en zo dicht mogelijk bij het centrum van de cirkel blijven, maar wat moet je doen als je pension of hotelletje of huis van je vriend in de 'onzekere zone' ligt? En als de oever van de Ganges de grens van de sacrale cirkel zou zijn, wat gebeurt er dan als je sterft terwijl je een ritueel bad neemt in de Ganges? Sommigen lossen dit pragmatisch op en beweren dat de grens van de cirkel in feite in het midden van de brede rivier ligt. En zover zwemmen alleen de kampioenen! Als je moet sterven in Benares, kan je dan toch best binnen de cirkel sterven. Maar waarom werd het academisch ziekenhuis dan gebouwd op de universitaire campus, kilometers ver? Zeker niet om mensen aan te trekken die hun einde voelen naderen! Ironie van

de moderne stadsplanning, die geen rekening houdt met de oeroude voorschriften.

De kracht van Shiva die alles doordringt openbaart zich in elke steen in deze sacrale cirkel. Kennis en wijsheid worden hier zonder inspanning je deel. Alleen goede verdiensten uit vele geboorten geven je het voorrecht om hier te leven, en te sterven. Wat er ook gebeurt, verlaat dus onder geen beding ooit deze cirkel.

De ommegang rond de *Avimukta zone* (ongeveer 12 kilometer) doe je best op de dag van de donkerste nacht in januari-februari, juist vóór de sikkel van de nieuwe maan verschijnt. 'Vereer deze sacrale cirkel', worden we aangemaand in het *Mahabharata*epos (2e eeuw vóór Christus) 'en de zonde van een moord op een brahmaan zal je worden kwijtgescholden'. Ook tijdens deze ommegang zal je 72 schrijnen en godheden ontmoeten.

5. De *Ommegang* 'binnen het huis' (*antargrih yatra*), binnen de gouden tempel is een ervaring van de macrokosmos *in* de microkosmos, het universele in het meest intieme. Eens vroeg ik een priester in Benares: " Welke raad kan je me geven als ik naar het westen terugga?". Hij antwoordde: "Wat ik je ook zou vertellen, je kan het altijd in je eigen hart vinden". De diepste focus van de macrokosmische orde is te vinden in het hart van de stad Benares, en daar in het hart ('moederschoot' genoemd) van de gouden tempel waar Shiva resideert in de Lingam (fallische afbeelding), en tenslotte in het hart van elke gelovige! Wie binnenin dat centrum van de tempel staat — niet-hindoes mogen er niet binnen — kan de meest intense vibraties voelen van het universum. Hier is Shiva aanwezig op de meest intense manier. Ook hier *sta* je niet alleen in het centrum, je moet ook rond de tempel wandelen, alsof een sterveling het niet aan kan om te lang te vertoeven in de extase van de mystieke ervaring. De wandeling rond de 'moederschoot' duurt maximum twee uur. Is het een onbewuste ironie van de toeristenbusiness dat westerse bezoekers deze meest heilige ommegang slechts half afleggen? De gids leidt hen uit de riksja's naar de *Dashashvamedh ghat* waar ze een bootje huren en stroomafwaarts naar de crematiegrond varen. Daar mogen ze geen foto's nemen die ze toch nemen, gaan aan wal en zoeken hun weg tussen

de koeietaarten en de kleurrijke winkeltjes in de stegen naar de gouden tempel. Daar mogen ze 'in een winkel' naar boven om een foto te nemen van de gouden koepel. Dan gaat het vlug verder de steeg uit. De meesten weten zelfs niet dat ze aan hun rechterhand — zoals het moet — de Heer van het universum zijn voorbijgegaan, maar de cirkel *rond* de Allerheiligste voltooien ze niet. Geen deelname in de verdiensten!

"Je moet eigenlijk het voorrecht hebben van een lichaam in India gekregen te hebben", zei me eens een brahmaan in Benares, "om echt te kunnen participeren in de verdiensten van een bezoek aan Benares". De mini-route rond de gouden tempel is druk bezet, niet alleen met huizen en talloze pelgrims, maar ook met allerhande symbolen. Wie de schrijnen op deze wandeling op de juiste manier vereert, raakt telkens de meest vitale delen van het lichaam van Shiva aan. We vergeten trouwens niet dat dit de *Avimukta zone* is, het sacrale gebied dat door Shiva nooit wordt verlaten. Dit gebied *is* gewoon Shiva.

Laten we ons een eindeloze bron van energie voorstellen, zoals een reuze luchtbel diep in de oceaan. De kleine energie die door onze hersenen beweegt is een deeltje van die reuze, goddelijke energie. Als je op het pad van de 'sacrale cirkel' stapt in Benares, raak je de zeven punten (*cakra*) van energie aan die symbolisch aanwezig zijn in zeven godheden. De meeste toeristen lopen er gewoon langs en misschien fotograferen ze er zelfs eentje van, zonder het ooit te weten. 'Zien' is meer te zien dan er te zien is.

Wat je ongetwijfeld wel kan zien is de aarzeling van de bedevaarders die rond hun bus staan te treuzelen als ze na een lange tocht eindelijk zijn aangekomen. Het is wellicht de eerste keer in hun leven. Wat doen ze eerst? Een kopje thee slurpen? De venters staan al klaar. Of eerst hun ritueel bad nemen in de rivier? De beslissing wordt meestal genomen door een lokale brahmaan die zijn slachtoffers al lang heeft gezien en aanvoelt wat de meerderheid in feite verlangt. Hij zal ze rond de stad begeleiden, tegen betaling 'zonder verplichting'.

Tenslotte, voor wie geïnteresseerd is in numerologie kan ik hier nog aan toevoegen dat sacrale cijfers in de Indische traditie een belangrijke werkelijkheid zijn. De sacrale cijfers worden geassocieerd met het aantal sites die je ontmoet op de vijf ommegangen: 144, 108, 72, 72 en 72, of totaal 468. Dit cijfer, 468, is precies gelijk aan de 9 planeten × de 4 windrichtingen × de 13 maanden (tellend de 13e maand die om de drie jaar aan de hindoekalender wordt toegevoegd!). Het cijfer 144 zou dan weer suggereren dat de 12 macrokosmische zodiak de 12 zonnemaanden ontmoeten. Het cijfer 108 verwijst naar de 12 zonnemaanden × 9 planeten in de hindoemythologie; of naar de 27 sterrenbeelden × de 4 delen van de dag. En er is nog meer. Het cijfer 72 is heilig omdat het verwijst naar de 2 hemispherische routes van de zon (noordelijke en zuidelijke) × de 3 mythische lagen (hemel, aarde, onderwereld) × de 12 zodiak (of is het de 12 maanden?). En zo kan je doorgaan. Geen reden tot paniek. Op het einde van je ommegang kom je zo bij het *Jnan Vapi Paviljoen* achter de gouden tempel. Daar kan je vergiffenis vragen als je een of andere godheid zou over het hoofd hebben gezien. En je kan een gulle schenking doen aan de brahmaan die er zit.

Voor wie echt één is met Shiva is er
geen nieuwe maan
geen dageraad
geen middag
geen zonsondergang
geen volle maan
geen middernacht.
Zijn voortuin is het ware Benares,
o Ramanath.

3. Je hebt geluk als je hier kan sterven

"Hij is mijn oom en hij heeft geen zonen. Ik moest geld inzamelen om hem hier te kunnen laten cremeren", zegt de jongeman. Hij zit naast mij op het zand, terwijl we kijken naar de crematie van zijn oom, tegen de achtergrond van een gitzwarte nacht boven de Ganges. "Voor ons is het veel te veel geld, maar hij moest hier worden gecremeerd", zegt hij en ondertussen zakken de resten van het lichaam in mekaar en zwiept één been naar boven. Ik vind de geuren op een crematiegrond niet aangenaam. De mannelijke familieleden — vrouwen zijn er niet — zitten er apathisch bij, of lijken met iets anders bezig te zijn dan met de crematie. Ik weet natuurlijk wel dat India het centrum van het universum is, en Benares het centrum van India, en de crematiegrond hier het centrum van Benares, maar ik word niet overspoeld door emoties. Misschien ben ik teveel bezig met de bossen in Noord-India die stelselmatig worden gekapt om deze crematies — en zoveel andere over geheel India — mogelijk te maken. Heel dikke boomstammen liggen hier opgestapeld en met bijlen en mensenzweet worden ze in stukken gekapt. Beschouwingen over geld en milieu passen hier echter niet. Wat hier gebeurt is van een andere orde.

Immers, het was niet in het aards paradijs maar wel op precies deze plaats dat het huidig universum door Vishnoe werd geschapen. Schepping is loslaten van energie, energie is hitte en hitte is zweet. Als je ooit een zomer in Benares hebt doorgebracht weet je wat overvloedig zweten is.

"Ook Vishnoe liet emmers zweet achter", vertelt een brahmaan aan een horde pelgrims, "toen Hij hier, op deze plek, de wereld schiep. Niemand in Benares zal ooit zweten zoals Vishnoe toen zweette in die dagen. Dat gebeurde miljoenen jaren geleden, ja zelfs vóór de Ganges naar deze streek was afgedaald. Een groot waterreservoir — daar kun je het zien, op enkele meters van de crematiegrond — werd met het zweet van Vishnoe gevuld, zo zwaar was de inspanning om deze wereld tot stand te brengen. Shiva was zo onder de indruk van de edelmoedigheid van Vishnoe dat hij van vreugde begon te dansen ... en zijn oorjuweel (*mani-karnika*) viel in het water. Sommigen beweren dat het juweel er nog altijd zou liggen",

fluisterde de brahmaan, en de pelgrims bogen over het muurtje van het waterreservoir om te kijken. Misschien is dat ook de reden waarom op het einde van elk regenseizoen zoveel vrijwilligers opdagen om het reservoir uit te delven!

Juist onder het *Mani-karnika reservoir*, op de zandige oever van de Ganges lagen de laatste resten van de oom in het smeulend vuur. Dachten de familieleden aan het zweet van Vishnoe en aan de schepping, een nieuwe schepping elke dag opnieuw, of aan Shiva die hier in elk atoom aanwezig is? Of aan hun eigen crematie? Hun eigen nieuwe geboorte? Het is een onvergetelijk zicht, daar op de oever van de Ganges in een gitzwarte nacht. Het enige geluid is het knetteren van het vuur. Gensters rijzen hoog in de lucht als de Dom knechten de vuren oprakelen. Op deze plek is de wereld ontstaan, op deze plek ook zal het lijk van het universum worden verbrand als het einde der tijden is gekomen. In het perspectief van deze lengte van dagen, — miljoenen jaren? —, wat betekent een luttel leven van enkele decennia? Een leven dat telkens opnieuw terugkomt in een eeuwige cyclus van hergeboorte? Er is verdriet voor het verlies van een geliefde, maar Benares tilt je op naar een hoger niveau. "Benares zelf", zo vertelt men ons hier, "zal boven de vernietiging van het universum uitrijzen. Benares wordt niet vernietigd als het laatste cataclysme alles zal verwoesten". Elke individuele crematie hier doet je denken aan de uiteindelijke, totale crematie. Werkelijk, hier is de macrokosmos overal symbolisch aanwezig in de microkosmos.

Tegelijk moet een crematie in Benares je herinneren aan het ultieme overleven. Een crematie is niet alleen een vernietiging, het is ook een scheppingsdaad. Een heel diepe laag van ons menselijk bestaan raken we hier: vernietiging en schepping, einde en begin. In de christelijke traditie wordt gezegd: "Als de graankorrel niet in de aarde valt en sterft, kan het geen vruchten voortbrengen" of, "Als je jouw leven verliest, zal je het winnen". Deze paradoxen zijn aanwezig in de oudste geschiedenis van India: elk offer is een kosmogonie, een scheppingsdaad. Ik vraag me af of elke persoon die hier op de oever van de Ganges zit, in de buurt van de *Mani-karnika ghat*, deze symboliek onderkent. Wat ik wel weet is dat deze onderstroom van gedachten en symbolen 3000 jaar oud is. Het kan geen wijsheid zijn die alleen bij brahmanen en in de Sanskriet boeken te vinden is. Reeds in de vedische mythologie lezen we over de 'Schepper' Prajapati die de schepping tot stand bracht 'door zijn eigen lichaam stuk voor stuk ritueel te offeren'. Elke hindoe kent dit verhaal op een of andere manier. Elk offer is een her-scheppen, en zo kan de wereld in stand blijven.

"Het is geen toeval", schrijft Jonathan Parry, "dat de meest beroemde crematiegrond in India precies op de plek ligt waar de schepping door Vishnoe gesitueerd wordt. Door de verbranding in de hitte van het vuur wordt de creatieve hitte van Vishnoe's ascese opnieuw tot stand gebracht. Door deze hitte werd de kosmos geschapen. Crematie is een offer en een offer brengt de kosmos opnieuw tot stand. Zonder onderbreken, dag en nacht, branden hier de crematievuren: voortdurend wordt de schepping opnieuw ten tonele gebracht[2]".

Je kan je geen vervoermiddel indenken of het wordt in Benares gebruikt om een lijk te brengen naar het centrum van het universum, de crematiegrond bij *Mani-karnika ghat*: de schouders van mensen, riksja's, het bagagerek van een auto, het dak van een bus, paardekarren, zelfs een fiets geduwd door het drukke verkeer. In oranje (of witte) stof gewikkeld en tussen twee bamboestokken gebonden

---

[2] Geciteerd in Rana P.B. Singh, ed., *Banaras. Cosmic order, sacred city, hindu traditions*, 1993, blz. 105.

worden de zichtbare overblijfselen van een menselijk bestaan naar deze crematieplaats gebracht. Wat niet verbrand geraakt zal een fijne maaltijd worden voor de schildpadden speciaal in de rivier geplaatst en voor de gieren meer stroomafwaarts.

Zoals een moeder bij haar kind blijft
als het te dicht bij vuur
of bij een cobra komt

zo blijft de Heer van de rivieren
bij elke stap nabij
en waakt over mij.

4. In de dood zijn Hindoes niet gelijk

De familieleden van de overledene zijn armer als ze de crematiegrond verlaten. De onaanraakbare Doms die de plaats domineren worden op verschillende manieren rijker. Ze hebben hun commissie op het hout, ze mogen een taks heffen voor elk lijk, en ze hebben recht op het goud dat eventueel in de as achterblijft. In de dood zijn hindoes niet gelijk. De echt armen die zich een crematie op deze plek niet kunnen veroorloven brengt men naar de overkant van de Ganges. Maar dat is erg. Daar kan je zeker niet bevrijding bereiken en je komt terug als een ezel! Ik ben zeker dat er in Benares toch nog meer arme mensen zijn dan ezels. Een ritenspecialist die op de *Manikarnika ghat* zijn diensten aanbiedt voor de crematie zal weigeren om naar de overkant te gaan. Daar ben je letterlijk overgeleverd aan je erbarmelijk lot.

Voor diegenen die zich hier of op *Harischandra ghat* iets meer stroomopwaarts wel een crematie kunnen veroorloven, zijn er nog verscheidene categorieën, en elke categorie heeft zijn eigen ritualist en ceremoniemeester. Er zijn vier soorten 'assistenten'.

– De onaanraakbare Doms, die verantwoordelijk zijn voor het eeuwige vuur dat dient om de andere vuren aan te steken, en die de crematievuren in het oog moeten houden.

– de lage-kaste barbiers, die de ritenpriesters zijn voor de Doms en voor andere onaanraakbaren. Tegelijk echter speelt deze barbier een belangrijke rol in de riten van andere kasten: hij maakt de hoofdrouwende (bij voorkeur een zoon) klaar voor zijn functie door zijn hoofd kaal te scheren en zijn nagels te trimmen. Hij moet trouwens ook de andere mannen in de familie kaalscheren.

– de lage-kaste bootmannen, en tenslotte

– de Mahapatras die een brahmaanse subkaste zijn. Deze brahmanen verzorgen de riten, vanaf de crematie tot tien dagen daarna, voor de overledenen van de drie hoogste kasten.

De basisfilosofie over de transmigratie is natuurlijk voor iedereen gelijk. Tien dagen lang blijft de 'ziel' in een overgangsfaze en wordt *pret* genoemd. Na de riten van de tiende dag wordt deze *pret* een *pitra* of voorvader, en kan de 'ziel' de reis beginnen. Ofwel naar de eeuwige zaligheid of iets van die aard als de persoon uit de cyclus van hergeboortes is bevrijd, ofwel naar een ander lichaam na een periode van 'zweven boven de aarde'. Als je in Benares bent gestorven, bereik je automatisch bevrijding. Op de twee crematiegronden samen in Benares zijn er soms tien vuren tegelijk aan het branden, soms meer dan honderd per dag.

1. Laat me eerst de riten voor de onaanraakbaren beschrijven. Is het een oude rite die doet denken aan het contact van de mens met de aarde, of is er een andere reden? In de oude teksten wordt aanbevolen dat een mens niet in zijn bed mag sterven. Als hij op sterven ligt moeten de zonen hem of haar op een bed van gras op de grond leggen? Als de persoon overleden is wordt hij met het hoofd naar het zuiden — de richting van de god Yam — buiten het huis neergelegd. Als er een weduwe achterblijft worden haar armbandjes gebroken en moet ze haar neusring verwijderen. Die neusring en het rode *sindur*-poeder in de splitsing van haar haren zijn de gunstige tekenen dat ze gehuwd is. Geen enkele gehuwde vrouw zal, tien dagen lang, de weduwe aanraken. Een overleden man wordt in een witte doek gewikkeld, een overleden gehuwde vrouw in een rode doek en een overleden weduwe in een witte doek. Een maagd wordt in een doek van gelijk welke kleur gewikkeld, maar ze wordt opgetooid als een bruid. Gangeswater en een basilicum blad worden in de mond geplaatst. Alleen bij de Dom kaste worden trommels gebruikt om het lijk luidruchtig naar de Ganges te begeleiden.

Het lijk wordt eerst in de Ganges ondergedompeld en dan op de brandstapel geplaatst. De oudste zoon moet het vuur aansteken. Op een bepaald moment van de crematie is ook hij de persoon die de schedel van de overledene met een stok moet kapotslaan om zodoende aan de *pret* de kans te geven om het lichaam te verlaten. vedische hymnen worden niet gezongen bij de crematie van een Dom. Jammeren en verdriet tonen zijn ongunstig voor de overledene en dat kan aan buitenstaanders de indruk geven dat het niemand iets kan schelen. Als de crematie van een onaanraakbare halfweg is — het kan enkele uren duren — gaan de vrouwen weg.

Als de crematie dan voorbij is komt de barbier om de plaats te markeren en hij geeft aan de hoofdrouwende een stuk ijzer om de *pret* af te weren. Deze persoon moet ook water over zijn linkerschouder gooien en weggaan zonder terug te kijken. Op andere crematie-gronden in India komen de familieleden na drie dagen terug om de 'bloemen' (beenderen of as) mee te nemen. In Benares worden de resten onmiddellijk in de rivier gegooid. Bij het overlijden wordt de 'ziel' dus een geest zonder lichaam of een *pret*. Dit is een bijzonder gevaarlijk tussenstadium, gevaarlijk voor de *pret* én voor de nabe-staanden. Tien dagen lang is deze *pret* zeer dorstig en wil maar het liefst naar zijn menselijk lichaam terugkeren. Niemand wil dat die *pret* zou terugkomen en ze hebben er grote schrik voor. Tien dagen lang wordt de naam van de overledenen niet uitgesproken en met grote zorg worden elke dag de voorgeschreven riten uitgevoerd. De bedoeling van deze riten (*shraddha* of *pinda-dan* geheten) is dat voor de 'ziel' van de overledene ritueel een lichaam wordt gemaakt. Het is zeer ongunstig voor de overledene als hij geen zoon heeft om bij die rite aanwezig te zijn. Op de eerste dag wordt ritueel het hoofd gemaakt, dan de armen, enzovoort. Merkwaardig is dat na de geboorte van een baby op gelijkaardige manier ritueel het lichaam van de pasgeborene wordt gemaakt.

Hetzelfde symbolisch verband tussen dood en geboorte, tussen vernietiging en schepping kan je zien in het voedsel dat aan de overledenen wordt geofferd: dit ritueel voedsel (*pinda*: rijst, sesame, melk, honing en boter) zou het menselijk sperma symboliseren en de melk zou symbolisch zijn voor de vrouwelijke sexuele energie.

Daarbij nog zullen de Doms in Benares een pot vullen met melk, water en honing. In de pot maken ze een klein gaatje en ze hangen de pot op in een boom. Zo kan de *pret* zich voeden. Deze *pret* is beladen met al de schuld en al de goede daden uit vorige geboortes en de kwaliteit van de volgende geboorte zal afhangen van dit opgetelde *karma*. Maar ook de zorg door de nabestaanden is van groot belang en daarom worden de rituele voorschriften nauwkeurig nageleefd. De Doms in Benares maken al de voedselofferandes in één dag, de tiende dag. Voor de duur van die periode moet de hoofdrouwende op de vloer slapen en slechts één maaltijd per dag eten. Hij mag geen bad nemen en mag zich niet scheren. Als de tiende dag voorbij is en de voedselofferande is gegeven, dan wordt de *pret* een *pitra*, of voorvader. Elke hindoe weet echter dat ook een *pitra* nog gevaarlijk kan zijn voor de nabestaanden. Men moet hem blijven offeren, zodat hij het leven van de nabestaanden zelfs gunstig kan beginnen beïnvloeden.

Een hindoe vriend vertelde me eens dat hij zich niet stoort aan de gefronste wenkbrauwen van zijn westerse vrienden die op het huisaltaar, tussen de beelden van Ganesh en Krishna, enzovoort ook de foto's zien staan van zijn overleden grootouders. "Voor mij zijn mijn voorouders ook zeer belangrijk", vertelt hij me.

Na de tiende dag kunnen de nabestaanden herademen, en vooral dan de hoofdrouwende. Hij was het meest kwetsbaar om door de geest van de overledene te worden bezeten. Hij en de achtergebleven weduwe moesten bijzonder voorzichtig zijn, tien dagen lang, om te vermijden dat de geest zou worden teruggeroepen. Na die periode kan een maaltijd voor de gehele familie worden georganiseerd en kan de hoofdrouwende terug zijn plaats innemen in de maatschappij. Vanaf dat ogenblik zal de weduwe ook alleen witte sarees dragen. In sommige conservatieve hindoe families en niet zelden op het platteland zegt men dat het overlijden van een (jonge) gehuwde zoon te wijten is aan het slechte *karma* van zijn vrouw! Als gevolg daarvan is het lot van een (jonge) weduwe soms nog erger dan in andere culturen. Maar onder de Doms in Benares wordt de weduwe aangemoedigd om opnieuw te huwen en men geeft haar rode armbanden. (In de andere kasten zal een weduwe heel zelden opnieuw huwen).

2. In tegenstelling tot het Dom ritueel worden bij het overlijden van iemand uit de andere kasten wel vedische hymnen door de brahmaanse priester gereciteerd. De gevaarlijke periode van pollutie, vooral voor de hoofdrouwende, varieert al naargelang de kaste: tien dagen voor de brahmanen, twaalf dagen voor de tweede kaste, vijftien dagen voor de derde kaste en één maand voor de shoedras. De brahmanen worden verondersteld tien schenkingen te doen, die meestal symbolisch gereduceerd worden tot een schenking aan de rituspriester, de Mahapatra. Hij is verantwoordelijk, zo zegt men in Benares, voor de zwarte koe die de overledenen over de rivier van de doden moet helpen. Bij kaste-hindoes wordt de overledene niet zelden voorbereid voor de grote 'reis' door al de natuurlijke openingen van het lichaam met boter dicht te maken. Een dramatisch moment in de overlijdensritus is wel als de weduwe haar armbanden, de symbolen van haar gehuwd zijn, breekt op het lijk van haar overleden echtgenoot. Conservatieve brahmanen zullen hun eigen vuur meebrengen om de brandstapel aan te steken. Aan de Dom betalen ze dan wel een symbolische bijdrage. Als de schedel van de overledene op een bepaald moment ritueel is stuk geslagen, wordt een merkwaardig gedicht uit de Rigveda gereciteerd. Het kan goed drieduizend jaar oud zijn.

> Deze levenden gaan nu terug,
> gescheiden van de doden.
> Op deze dag is ons aanroepen van de goden
> niet zonder resultaat.
> En we gingen verder om te dansen
> en te lachen,
> uitkijkend naar een lang leven.

Dan plengt de hoofdrouwende water over zijn linkerschouder en zonder terug te kijken stapt hij weg. Terug naar het leven! Eten bezorgen aan de overledene is niet voldoende. De nabestaanden moeten ook eten geven aan de brahmanen, tenminste aan drie en aan één onbekende. Eigenlijk worden deze personen aanzien als de overledene, en daarom ook worden ze gevoed.

Het is interessant hoe in Benares de 'tegengestelden', als symbolen voor leven en dood, een belangrijke rol spelen in de dodenritus: rechtse en linkse kant van het lichaam, noord en zuid, binnen en buiten, gekookt en ongekookt eten, enzovoort. Het zuiden wordt geassocieerd met de dood, en de vier windrichtingen herinneren aan de vier categorieën van bestaan: goden (noord, oosten), voorvaderen (westen), mensen en demonen (zuid). Voorvaderen komen de wereld van de levenden binnen vanuit het westen of het zuiden. Al naargelang de streek in India is er altijd wel ergens een dag in de maand waar men niet in een bepaalde richting mag reizen. Het kan nuttig zijn hierover navraag te doen om zeker te zijn van een plaats in de trein of op het vliegtuig, hoewel er nu al genoeg reizende hindoes zijn die daar geen rekening meer mee houden. Denk er wel aan om nooit met je hoofd naar het zuiden te slapen. Zo worden de pas overledenen in India geplaatst. Ook bij huwelijken wordt goed rekening gehouden met de windrichtingen, en noord en oost worden als gunstig aanzien. Elke tempel in India heeft trouwens ook zijn ingang naar het oosten gericht (zoals bij ons het altaar in de kerken meestal naar het oosten is gericht).

De dood is een gebeuren *buiten* het menselijk bestaan. Het lijk wordt buiten het huis neergelegd, op de grond. Na de crematie komen de nabestaanden het huis niet binnen vóór het opkomen van de maan. Ze zullen ook eerst ijzer en koestront aanraken. Rauw voedsel wordt aan de *pret* van de overledene geofferd om diens woede en dorst te bedaren. Als de *pret* een *pitra* is geworden krijgt hij gekookt voedsel. Op de verjaardag van de crematie wordt telkens ritueel voedsel gegeven, liefst door de zoon, boven op het dak van het huis. De vrouwen blijven op de loer om te zien of het voedsel vlug wordt weggenomen, ... door de kraaien! Als de kraaien niet komen — wat uitzonderlijk is aangezien er zoveel kraaien zijn — wordt het als heel ongunstig ervaren.

Wat Het ook was
Dat deze aarde een basis gaf
de wereld het leven
en de wind zijn steun
de lotus en de maan een plaats
en alles bedekte met de plooien
van het uitspansel,

met Dat zelf overal binnenin

tot dat Mysterie,
onverschillig voor verschillen,
tot Dat bid ik,
o Ramanath

Naar het *Kashi Labh Mukti Bhavan* of 'Huis in Benares waar de bevrijding wordt verleend', worden (arme) mensen gebracht juist vóór ze sterven. Daar wordt een dagelijkse routine gevolgd, met als motto: 'Een goede dood sterven is al even belangrijk als een goed leven leiden'. Deze hindoe traditie bestond lang vóór Mother Theresa er in Calcutta mee begon.

1. In plaats van een bad in de Ganges rivier, zal de zieke geregeld met Ganges water worden besprenkeld.
2. Basilicum (*tulsi*) blaadjes en bloemen moeten in de buurt gezet worden.
3. De zieke wordt eraan herinnerd dat het gunstig is de zon te vereren.
4. De zieke zal proberen water te offeren aan de *tulsi* plant.
5. De zieke wordt eraan herinnerd dat het bijzonder gunstig is de naam Ram te herhalen.
6. De zieke wordt eraan herinnerd dat de Heer echt nabij is.
7. Het is aangeraden wierookstokjes te branden bij de zieke.
8. Het 12e hoofdstuk van de *Bhagavadgita* kan worden voorgelezen, terwijl men bij de zieke aandringt om Gangeswater te drinken.
9. In aanwezigheid van de zieke zal de Heer voortdurend worden vereerd.

10. De *Bhagavadgita* zal voortdurend worden gelezen in aanwezigheid van de zieke.
11. Dag en nacht zullen de namen van God worden gereciteerd.
12. Op geregelde tijdstippen zal men de zieke Gangeswater en *tulsi* blaadjes geven.
13. Men zal er ook voor zorgen dat de kleren en de vloer onder de zieke proper blijven.
14. Naast het hoofd van de zieke zal men een copie van de *Bhagavadgita* en prenten van de Heer plaatsen.

5. Shiva is de grote heer

Benares in het noorden, Madurai in het zuiden, Bhuvaneshvar in het oosten en Somnath in het westelijke Gujarat, en nog veel meer roemrijke tempelplaatsen waar Shiva wordt vereerd, waar Shiva resideert. Shiva de god van de dans, Shiva als Lingam afgebeeld, Shiva de asceet uit de bergen en Shiva van de crematiegronden. Wie is hij?

Algemeen wordt aangenomen dat de figuur van Shiva zijn oorsprong vindt in de niet-Arische cultus die in Indië leefde lang vóór de Ariërs in het subcontinent binnenstapten en samen met hun militair overwicht ook hun taal en cultuur opdrongen Het is pas in de eerste eeuwen vóór onze tijdrekening dat Shiva de machtige god wordt die we kennen uit de tempelsculpturen en het tempelritueel. Lang daarvóór, tot zelfs in de vedische literatuur, heeft hij een belangrijke plaats in de goddelijke actualiteit. Onder de naam Rudra verschijnt hij als de god door andere goden gevreesd omwille van zijn macht en uitdagingen. Het is Rudra die de oppergod Prajapati straft voor zijn incestueuze relatie met zijn dochter.

Als we de 'biografie' van Shiva inkijken, was hij eerst een asceet, die op het ijs van de hoge berg Kailash in de Himalaja mediteerde en harde discipline beoefende. Kailash ligt nu in Tibet (China), en is nog altijd een zeer heilige top, 6.714 m. hoog. Nu nog wordt Shiva veelvuldig afgebeeld als de Heer van de yogi's, met zeer lang haar in een kroon op zijn hoofd opgerold. Rechts van hem staan het apetrommeltje, symbool voor zijn scheppende kracht en de drietand, symbool voor de vernietiging. Mede onder invloed van de Tantra filosofie wordt Shiva ook voorgesteld als de Heer van de crematiegrond en draagt hij een krans van schedels en is hij met as besmeurd. Dit alles wijst op het dubbele karakter dat de gelovige in God ziet: schrikwekkend en lieflijk. De naam Shiva betekent trouwens 'de Vriendelijke', maar hij kan woest en schrikwekkend zijn om het kwaad te verdelgen: het *Tremendum fascinens* van de christelijke theologie. Omwille van dit dubbel karakter van Shiva waren de gelovigen — of de theologen? — in staat om precies in zijn figuur vele aspecten uit de autochtone oer-religie op te nemen. Shiva's partner in die 'periode' is Sati, de dochter van Daksha.

Shiva wordt ook Mahadev of de 'grote god' genoemd. Hij overstijgt elke notie die we ons kunnen vormen van het goddelijke. Hij gebruikt wapens en hij zegent met de vele handen die hij heeft. Hij staat buiten alle menselijke voorstellingen en leeft op de rand van de maatschappij, hoog in de bergen.

Zelfs na al de beschrijvingen in de latere hindoemythologie, blijft hij een steen des aanstoots. Hij trekt zich niets aan van de voorschriften i.v.m. rituele reinheid of de eerbied voor de familie en rang, zo typerend voor de hindoe. Hij loopt naakt rond of is gekleed in een stuk tijgervel. Als hij dan toch eens de bergtop Kailash verlaat houdt hij zich het liefst op in de buurt van crematiegronden. Hij smeert as over zijn lichaam en hij draagt slangen en schedels als sieraad. Hij rijdt op een stier en draagt een drietand. Bezittingen en koninklijke afstamming heeft hij niet, zoals bijvoorbeeld Ram of Krishna, die Neerdalingen van Vishnoe zijn.

Ongeveer 2.000 tot 1500 jaar geleden vernemen we in de verhalen dat Shiva op een bepaald moment zijn Kailash berg wou verlaten en de zeer charmante Parvati, 'dochter van de bergen', huwde. (Sati had ondertussen zelfmoord gepleegd en haar lichaam werd in 52 stukken over geheel de aarde verspreid. Op elke plek waar een stukje viel is een belangrijke tempel ontstaan). Deze wondermooie dochter van de Heer Himalay en zijn vrouw Mina was verliefd geworden op de strenge yogi Shiva. Om hem te winnen begon ook zij de meest indrukwekkende ascese en discipline. Ze werd ook getest in haar geloof. Wijzen kwamen haar vertellen dat in feite Shiva te lelijk was om haar echtgenoot te worden: "Hij heeft geen kleren, geen huis en geen familie, en zijn gezelschap is niet zeer verheven. Ze zou toch beter met Vishnoe huwen, hij heeft alle verwachte eigenschappen". Parvati antwoordde dat Shiva zich van al die menselijke prerogatieven niets aantrekt, precies omdat hij de opperste Brahma is en niemand anders. Hij heeft geen nood aan menselijk vertoon. Zijn diepste wezen is veel mooier en aantrekkelijker dan dat.

Ellenlange verhalen zijn over die liefdesgeschiedenis bekend en de strenge asceet Shiva werd stilaan een god met zeer menselijke gevoelens. De beeldhouwers wisten niet wat ze eerst moesten afbeelden en de tempels staan er vol van, vanaf de eerste eeuwen na Christus. Ja, hij moest ook een thuis vinden voor zijn vrouw en eventueel zijn kinderen. Geheel de aarde werd afgezocht en hij koos de stad Benares met 'zijn prachtige tuinen en paleizen'. Shiva de berggod, de god van asceten en yogi's, werd niet alleen een verliefde echtgenoot, hij werd ook een stadsbewoner. Benares is wel niet de eerste de beste stad... en hier zitten we volop in de verhaaltrant die bedevaarders op de oer-grootsheid van de stad moet wijzen. Het verhaal brengt ons bij de problematiek van de voorvadercultus en de ritus bij de crematies.

> Koning Sagar heeft van zijn eerste vrouw één zoon, Asamanjas genaamd, en 60.000 zonen van zijn tweede vrouw. Asamanjas is een schurk en dat worden zijn 60.000 halfbroers ook, tot grote ergernis van de goden. Een tijdje later organiseert koning Sagar een paardenoffer (*ashva-medha*): een paard werd een jaar lang vrijgelaten (of opgejaagd!) om een nieuw gebied ritueel in te palmen. Daarna werd het geofferd. De god Indra verbergt het paard in de onderwereld en de 60.000 zonen volgen zijn spoor, tot bij de kluis van de asceet Kapil. Hem verdenkend van diefstal willen ze hem vermoorden maar door zijn ascese-kracht verandert hij ze allemaal in as. Gecremeerd, zonder dodenritus! Voor lang verdoemd zijn ze alle 60.000! Gelukkig wordt later één lid van dezelfde familie een krachtig asceet, Bhagirath genaamd. Hij verkrijgt van de goden dat de godin Ganga over de as zou vloeien. Door deze rituele plenging kunnen de zielen van de broers bevrijd worden en naar de hemel gaan. De godin moet echter over de aarde naar de onderwereld vloeien en die rechtstreekse beweging is te geweldig en onmogelijk. Shiva laat toe dat de godin Ganga langs zijn weelderig ascetenhaar over de aarde kan vloeien en vandaar naar de onderwereld.

Zo is de Ganges in de Himalaja gekomen en vindt stilaan een weg naar de oceaan.

Onderweg verzorgt de godin-river de rituele plenging voor de 60.000 asceten die op die manier een gelukzalige weg naar de hemel vinden.

Verwijzend naar dit verhaal staat Shiva dansend afgebeeld met de godin (en rivier) Ganges (*gangadhar murti*) in zijn lokken. Het is een mooi voorbeeld van de strijd tussen goed en kwaad en van de goedertierenheid van Shiva. De afbeelding van Shiva met Ganga in zijn haren is een beroemde illustratie van zijn vriendelijkheid en een mythologische verklaring voor het ontstaan en de heiligheid van de Ganges rivier. Naast vele plaatsen aan haar oevers is vooral Benares de plaats bij uitstek van Shiva. De Panda in Benares zal er ons ook aan herinneren dat de geschiedenis van Benares begon lang vóór de Ganges er neerdaalde. Asceten zoals Bhagirath mediteerden er eeuwenlang.

Shiva is ook leraar van yoga, van muziek, van kennis en van de Heilige Boeken. Hij wordt verondersteld te zitten in een eenzame plaats in de Himalaja, onder een *banyan*boom, op een tijgervel of op een witte lotus. Hij heeft drie ogen en vier (soms tot achttien) armen. In Zuid-India (Badami) is een beeld uit de rots gehouwen van de Dansende Shiva (*natraj*) met 18 armen! In één hand houdt hij een krans, een slang, een apetrommeltje, vuur, enzovoort. Zijn lang ascetisch haar is opgebonden boven zijn hoofd en versierd met bloemen, een slang, schedels en de maansikkel. In het midden van zijn haar is gewoonlijk de glimlachende godin Ganga te zien. Hij wordt ook veel afgebeeld in het gezelschap van zijn vrouw (genaamd Parvati, Uma of Devi). Soms is er het huiselijk tafereel van het koppel met één of allebei de kinderen (Ganesh en Skanda). Zijn rijdier is de stier Nandi, die altijd vóór de tempel staat, kijkend naar het schrijn.

Shiva is de asceet uit de bergen en de echtgenoot van Parvati, die voor zijn jong gezin een thuis vindt in Benares. In de oude Indische traditie en in het hart van vele gelovigen is Shiva dat en nog veel meer. We kunnen hem ook benaderen langs de talloze en zeer verscheiden beelden die we van hem vinden in de tempels. Elk beeld verwijst naar een oud verhaal en elk verhaal verwijst naar een diep verlangen van de gelovige. Daar is bijvoorbeeld Shiva die danst:

Alle goden kijken toe, klappen in hun handen en worden voorgesteld in extase en in onderwerping voor Shiva. Hij danst bij het vallen van de avond, met als enige verlichting de schijn van de maansikkel op zijn voorhoofd. Hij draait zo vliegensvlug en zwaait zijn armen zo snel dat de echo van het suizen weergalmt in alle valleien en over de bergen van geheel de aarde. Daarbij gebeurt iets heel merkwaardigs. Een zanger, in de oude Indische traditie, stopt geregeld zijn langgerekte melodie om aan de man bij de trommeltjes de kans te geven het ritme nog even te beklemtonen. Op dezelfde manier, aldus vernemen we in de Sanskriet teksten, onderbreekt Shiva geregeld zijn kosmische dans om zelf op de trommels te slaan en het ritme te verbeteren, indien nodig.
Elk van deze momenten duurt eeuwen en zijn dans heeft gevolgen voor de gehele kosmos. Shiva danst bij elke belangrijke gebeurtenis in zijn leven, of in de evolutie van de kosmos.

Op aarde participeert de menselijke danser(es) in die kosmische beweging, die hij of zij voor de mensen zichtbaar maakt. De Indische klassieke dans speelt zich af rond een thema waarin Krishna of Shiva of nog een andere god centraal staan. Elke dans is bijgevolg een religieuze aangelegenheid en geen entertainment. De danser maakt de ingreep van het goddelijke in het materiële leven zichtbaar, met bijna evenveel macht als de brahmaan die in de vedische tijd langs zijn vuuroffer een greep had op de kosmos. Of zoals de beeldhouwer die langs lijn en figuur het goddelijke in steen afbeeldt, als een weerspiegeling van het eeuwige in de beperking van de materie.

Shiva wordt in de tempelfriezen ook als mens afgebeeld, ter illustratie van de talrijke verhalen waarin zijn superioriteit over andere goden en rivaliserende sekten wordt beschreven. Een belangrijke karakteristiek van Shiva is zijn macht om het kwaad te vernietigen. Ten onrechte worden aan elke god in de hindoetriade (Brahma, Vishnoe en Shiva) specifieke eigenschappen toebedeeld. Zo zou Brahma de Schepper zijn, Vishnoe de Instandhouder en Shiva de Vernietiger. Neen, elke godheid heeft die karakteristiek, maar niet het monopolie. Shiva wordt dus ook als vernietiger afgebeeld en aanbeden, vernietiger van het kwaad en van hen die kwaad teweeg brengen. Als doder van Andhak-asur (de demon Andhak) zien we hem afgebeeld als triomferende krijger, tot de tanden gewapend en met één voet dansend op de demon. Bhairav is een andere naam voor Shiva als de Schrikwekkende, maar daarover schrijf ik in het volgende hoofdstuk. Eerst nog twee mooie verhaaltjes.

Als je een fries van Shiva ziet waarin een volgeling staat met de kop van een geit, dan wordt er het verhaal in uitgebeeld van Shiva's schoonvader (Daksha) die zijn eigen dochter Sati en Shiva niet had uitgenodigd naar een groot offer dat hij organiseerde. Shiva stoort er zich niet aan, maar zijn vrouw Sati gaat naar het feest, alleen.

> Shiva is een rustige asceet die in een vreedzame plaats mediteert, omringd door alle goden, tussen bloeiende bloemen en tegen de achtergrond van besneeuwde toppen onder een blauwe hemel. Op zekere dag loopt de omgeving leeg en alle goden gaan op stap gaan naar de plaats waar de god Daksha, Shiva's schoonvader, een gigantisch vedisch offer organiseert. Shiva is niet uitgenodigd omdat hij geen deel mag nemen aan het vedisch ritueel. Dat stoort Shiva's gemoedsrust niet, maar zijn echtgenote is jaloers omdat alle buren zijn uitgenodigd. Sati wordt door haar vader erg onbeleefd behandeld, mede omdat hij niet veel respect heeft voor zijn buitenissige schoonzoon. Uit schaamte pleegt Sati zelfmoord[3].
>
> Hierop wordt Shiva woedend, trekt een streng uit zijn eigen haar en verandert die in de reusachtige Virabhadra die de offers van schoonvader Daksha vernielt en de man zijn hoofd afhakt. Het universum davert op zijn grondvesten.

Dit zijn de eerste tekenen van een confrontatie tussen het vedische ritueel en de latere sektaire god Shiva.

> Daksha's echtgenote was natuurlijk niet gelukkig met een man zonder hoofd en na lang smeken krijgt ze haar echtgenoot terug, met de kop van een geit.

En tenslotte is er nog het mooie verhaal van Shiva die door Vishnoe wordt vereerd.

---

[3] Sati betekent letterlijk 'getrouwe echtgenote', en is ook de term die gebruikt wordt voor de (vroeger 'aanbevolen' gewoonte van) zelfdoding van hindoe vrouwen op de crematiestapel van hun echtgenoot. In het Engels: *suttee.*

Toen Vishnoe in een strijd verwikkeld was met demonen die hij niet kon verslaan, werd hij een vereerder van Shiva om diens zonneschijf (*cakra*) te kunnen krijgen. Elke dag plaatste Vishnoe duizend bloemknopjes op de Lingams (fallussteen) van Shiva. Eens wilde Shiva hem testen en in het geheim nam hij een bloem weg. Vishnoe merkte het en legde in de plaats vlug zijn eigen oog. Shiva was hierdoor zo vereerd dat hij hem terstond de zonneschijf schonk.

Als
een schat verborgen in de grond
de smaak in het fruit
goud in de rotsen
olie in het zaad

is de Absolute verborgen
in het hart.

Niemand kan kennen
de wegen van onze Heer
Wit als jasmijn

6. Bhairav, of Shiva als 'politie-commissaris van Benares'

Als je uit Kathmandu vijf uur rijdt in noordwestelijke richting kom je aan de 'Bridge of friendship' en kan je na korte formaliteiten Tibet (nu door China bezet) binnenrijden. Je verlaat een half-hindoe, half-boeddhistisch Nepal en je rijdt boeddhistisch Tibet binnen. Steil en gevaarlijk is de modderige weg die door een uniek mooie canyon naar boven slingert en je naar het Tibetaans hoogplateau brengt. Na vier uur rijden, op 3.900 meter hoogte kan je stoppen bij de Grot van Milarepa aan de rechterkant van de baan. Rond de jaren 1050 zat deze mysticus, goochelaar en schrijver — hij zou 100.000 verzen hebben gedicht — hier om te mediteren, met een zicht op een prachtige vallei. In de winter was het er ijskoud maar hij beheerste de methode om door concentratie en controle van de ademhaling inwendige hitte tot stand te brengen. De tempel die bij deze legendarische grot werd gebouwd is van de verwoesting door de Chinezen gespaard gebleven en is maar één voorbeeld van een merkwaardig fenomeen dat je overal in Tibet in de (nog overgebleven) kloosters kan zien: tussen de fresco's van de boeddhistische 'godheden' heeft Bhairav een belangrijke plaats. Hij is Mahakal Bhairav of de 'Zwarte Verschrikkelijke', Vajra Bhairav genoemd in de Gelugpa sekte. Als je nog vijf dagen verder rijdt — vroeger dertig dagen stappen — tot aan het Mansarovar meer aan de voet van de berg Kailash en de Chiu tempel bezoekt is Hij er weer: Bhairav de beschermgod.

Maar Hij is toch een hindoegod!

Vier duizend meter lager, in Rajasthan in westelijk India kan je de prachtige Jain tempel bezoeken in Ranakpur. Als je naar het hoofdschrijn kijkt zie je rechts een schrikwekkende figuur, bedekt met laagjes zilver (papier). Geen enkele Jain bedevaarder zal nalaten hem te vereren. Het is Bhairav. Bhairav, de 'politie-commissaris' van Benares. Vele dorpelingen in Rajasthan vereren hem als Bhairu. Wie is deze god die gulzig de sterke drank consumeert die hem wordt geofferd, en door wie de tempelpriesters 'bezeten' worden, ook in tempels aan Vishnoe gewijd? Ze noemen hem de Kashivasi, de 'bewoner van Benares'!

Er is nog meer. Bhairav wordt intens vereerd door de tribalen in Maharashtra, die in feite niet echt hindoe zijn. Is hij dan een tribale god? Of is hij een hindoegod die nauw aansluit bij een tribale cultus en zo de tribalen opneemt in de pan-hindoeriten? In het Kashmiri Shaivisme is het Bhairav die als opperste God wordt vereerd en in Nepal is Bhairav als het ware de nationale godheid, een prominente aanwezigheid bij alle feestelijkheden waar bloedige offers en bezetenheid bij te pas komen. In Nepal, maar ook in Bali, wordt Bhairav geïdentificeerd met Bhim, de held uit het *Mahabharat*epos. Zeer lang reeds wordt hij in de Indische geschiedenis geassocieerd met de schrikwekkende goden die werden vereerd in de Tantrische cultus (waar zelfs mensenoffers zouden zijn bij te pas gekomen).

Wie is deze Bhairav, zo populair in het gehele Indiase subcontinent en ver daarbuiten? En is het toevallig dat hij zo sterk met Benares blijkt verbonden te zijn? Voor mij is hij een ideale manier om Benares, en het hindoeïsme in het algemeen te begrijpen. Ik schreef hoger reeds dat je nauwkeurig al de schrijnen op de ommegang in en rond Benares moet bezoeken en vereren. Maar als je ook maar één van de acht schrijnen aan Bhairav gewijd vergeet te bezoeken, ben je pas echt in de problemen. In de kleine *Kal-Bhairav tempel* bij de Town hall kan je alleen maar zijn zilveren gezicht zien, omkranst met talloze bloemen, maar dat is voldoende. Je kan hem gerust vragen om alle kwaad uit je leven te bannen. In de meeste tempels is trouwens het gezicht van Bhairav verborgen achter een zilveren masker, maar op sommige plaatsen kan je hem in zijn volle grote zien, met een snor, een knuppel en een krans van schedels. Zoals alle hindoegoden heeft ook Bhairav zijn rijdier: een vieze hond!

Zijn oorsprong wordt verteld in een mythe, dit wil zeggen in een verhaal dat tijd en ruimte overschrijdt. Een mythe is tegelijk een ervaring en een boodschap die het gebeuren zelf overstijgen en daarom een boodschap geven voor alle tijden. Mythen zijn de ruggegraat van Benares, en van het hindoeïsme in het algemeen. 'Negeer de mythen of luister niet naar de brahmaan die ze vertelt en je hebt maar een heel beperkte ervaring van Benares', zeggen me de Panda's die hun dagelijks brood moeten verdienen door mythen aan de bedevaarders te vertellen. De mythe van Bhairav is het verhaal van een god die een stapje te ver gaat en er de gevolgen moet van dragen. In de semitische tradities wordt één God vereert met vele aspecten. In de hindoetraditie wordt van elk van die aspecten een god gemaakt. En uit de zeer rijke Indische mystieke ervaring en verbeelding is het uitgebreide, kleurrijke hindoepantheon ontstaan.

Dit is dan de mythe van Bhairav, waarin ook het belang van het *Kapal Vimochan schrijn* in Benares wordt bezongen. Daar immers geraakte Shiva van dat vervloekte hoofd af! We mogen ook niet vergeten dat het afhakken van één hoofd van Brahma gelijk staat aan de moord van een brahmaan!

> Op zekere dag zaten Brahma en Vishnoe, in lotushouding, onder een boom rustig te keuvelen. Van het ene woord kwam het andere en vóór ze het goed wisten waren ze in een heftige discussie verwikkeld over wie van hen twee nu de grootste god was. Plots verscheen tussen hen beide een intens licht dat hemel en aarde verlichtte. Sommigen zeggen dat het in feite een sterk lichtende Lingam (fallische afbeelding van Shiva) was. In het licht verscheen een man met drie ogen en getooid met kronkelende slangen.
> Het (bovenste) vijfde hoofd van Brahma opende zijn mond en zei:
> "Ik weet wel wie je bent. Jij bent Rudra — dat is de naam van Shiva in de veda's —. Ik heb je nog uit mijn eigen voorhoofd geschapen! Kom maar hier, jongen, en ik zal je beschermen".
> Shiva vond deze arrogantie van Brahma toch maar al te gortig. De Heer wit als jasmijn werd rood van woede en in een handomdraai schiep hij een man, noemde hem Bhairav en zei:

"Deze Brahma hier uit-de-lotus-geboren moet je maar eens een lesje spellen".

Bliksemsnel sneed Bhairav het arrogante vijfde hoofd van Brahma af, zomaar met de nagel van zijn linkse pink. Immers, het lid dat beledigt moet worden gestraft. Brahma en Vishnoe werden doodsbang en braafjes begonnen ze de lof van Shiva te zingen! Zo kwam Shiva tot bedaren en hij zei tot Bhairav:

"Nu ga je Brahma en Vishnoe vereren; en dat hoofd van Brahma, dat blijf je maar meedragen".

Tegelijk schiep Shiva een mooie, jonge dame, noemde haar 'Brahmamoord' en sprak tot haar:

"Volg jij maar Bhairav op zijn hielen, overal, tot hij in Benares aankomt. Overal waar jullie komen, moet je vertellen hoe je van de zonde van de moord op een brahmaan kan afgeraken. Jij mag wel Benares niet mee binnengaan, Brahmamoord, en daar moet je hem verlaten".

Ze trokken overal rond, Bhairav en Brahmamoord, en bereikten de hemel van Vishnoe (zie blz. 41, Shiva als bedelmonnik).

Vishnoe zei tot Brahmamoord:

"Het is nu goed geweest. Nu mag je hem verlaten".

Maar het pientere meisje Brahmamoord antwoordde:

"Ik laat hem niet los tot in Benares. En daarbij, door hem nu te dienen verwerf ik goed *karma* en moet ik niet meer worden herboren".

Na een lange tocht arriveerde Bhairav uiteindelijk in Benares. Daar viel het hoofd van Brahma van zijn vinger af en werd veranderd in het *Kapal Vimochan schrijn*.

In de hindoe beeldende kunsten wordt deze mythe zeer levendig voorgesteld. In een bloederig schilderij kan je bijvoorbeeld Shiva zien die het afgesneden hoofd omhoog houdt en het druppende bloed wordt opgelikt door de hond van Bhairav. Bhairav wordt ook naakt afgebeeld, of gekleed met het vel van een tijger — zoals trouwens Shiva zelf —, of met het vel van een olifant, met een krans van mensenschedels en met slangen rond zijn nek en armen. Soms sleurt hij een skelet over zijn schouders. In een mildere vorm wordt hij afgebeeld als een rondtrekkende bedelmonnik. En dat komt dan weer uit het vervolg van het verhaal.

Het tussenverhaal van Shiva als Bedelmonnik (*bhikshatan*) is een interessant voorbeeld van de sektaire competitie die over geheel India bestaan heeft tussen de volgelingen van Shiva en die van Vishnoe (of van Brahma). Ik geef hier het verhaal in zijn summiere essentie, maar naargelang de tijd die je hebt en de vertelkunst van de Panda kan hier een lang, pikant verhaal uit worden gesponnen. In deze versie is het Vishnoe die de hoofdrol speelt, en er wordt duidelijk gesuggereerd dat het in feite Shiva zelf is die de misdaad pleegde!

> Toen Shiva die verschrikkelijke moord had gepleegd en het hoofd van Brahma aan zijn pink bleef plakken, suggereerde Brahma dat hij als boete maar moest rondtrekken als bedelmonnik. Hij moest zijn eten bedelen met een schedel als bedelnap! Op zekere dag zou Vishnoe hem dan wel inlichten over zijn volgende opdracht, om van de schedel af te geraken.
> Shiva trok van het ene dorp naar het andere, maar wat gebeurde er? Alle vrouwen en meisjes werden op hem verliefd! (Ik bespaar U de details). Tenslotte arriveerde Shiva in de hemel van Vishnoe, maar de poortwachter weigerde hem de toegang. Hij doodde dus maar de poortwachter die hij op zijn drietand spitste en zo stapte hij de hemel van Vishnoe binnen. Nog een zonde bij de vorige! In zijn goedertierenheid vertelde Vishnoe hem dat hij naar Benares moest trekken en daar vergeving van al zijn zonden kon verkrijgen. Een ritueel bad in de Ganges was voldoende.

Dit weten wij nu ook en zo stappen we vol verwachting Benares binnen, het centrum van het universum, waar Bhairav wordt vereerd als de 'bewaker van de grenzen'. Onderzoekers wijzen erop dat in Benares de oorsprong van Bhairav moet gezocht worden onder de goden uit het volksgeloof, de Ganas met de dikke buik. Schrikwekkende goden zijn het die het pantheon binnenkwamen als knechten van Shiva en als taak hadden de demonen weg te jagen. In de mythe is het Shiva die in zijn razernij Bhairav tot stand brengt. Soms wordt Bhairav ook een zoon van Shiva genoemd, zoals Ganesh, en in Benares wordt hij ook wel eens een Neerdaling (*avtar*) van Shiva genoemd. Hindoe creativiteit op zijn best. Hoewel hij in zuidelijk Azië als een aparte godheid wordt vereerd, is hij eigenlijk een aspect van Shiva. Voor een westerse geest is het op zijn minst eigenaardig dat Bhairav, een aspect van Shiva — in feite Shiva zelf! — op boetetocht moet gaan naar Benares, 'de stad van Shiva', om vergeving te vinden voor zijn brahmamoord!

Maar het is een oude traditie. Reeds in teksten van de 1e eeuw na Christus wordt gezegd dat de grootste zonde aller zonden — de moord op een brahmaan —, slechts kan vergeven worden door op bedeltocht te gaan, twaalf jaar lang, met een schedel als bedelnap. Shiva zelf benoemde Bhairav tot commissaris van Benares. Zijn functie wordt goed beschreven door Diana Eck[4]:

"Een, men zegt dat Bhairav de zonden opeet, en zijn bijnaam is de 'Zondenslokker'. Het is nauwkeurig beschreven dat hij resideert op de oever van de Gangesriver bij Kapal Vimochan, en daar eet hij de zonden die de mensen er neergooien. Hij die hier bevrijd werd van de allerhoogste zonde eet nu zelf de zonden van anderen.

Twee, Kala Bhairav is verantwoordelijk voor het nauwkeurig bijhouden van alle daden van de mensen in Kashi. Mensen die elders op deze aardbol wonen worden in de gaten gehouden door Chitragupta, de mythologische secretaris die alles in een groot boek noteert. Maar hij noteert niets voor de mensen die in Benares wonen. Dat doet Kala Bhairav. Daarom moet je alles proberen om bij hem op een goed blaadje te staan. Volgens de traditie moet hij vereerd worden door iedereen die naar Benares komt. Immers, zelfs de volgelingen van Shiva die het vertikken om Bhairav te vereren, komen niets dan hinderpalen tegen! Men beweert trouwens in Benares dat wie Bhairav niet vereert, de ene zonde na de andere opstapelt. De stapel groeit als de wassende maan.

Tenslotte, Bhairav houdt niet alleen alle handelingen van de levenden in het oog, hij moet ook recht plegen voor hen die overleden zijn. Zo doet hij in feite het werk dat normaal Yam doet, de god van de dood. Yam mag geen voet zetten in Benares om er de overledenen op te halen. Elkeen die in Benares sterft bereikt automatisch de ultieme bevrijding, maar moet toch eerst, al naargelang zijn of haar goede en slechte daden, door een intens tijdsmoment passeren. Dat wordt 'de straf van Bhairav' geheten en Bhairav in Benares ziet er nauwlettend op toe dat ieder zijn rechtvaardig deel krijgt. Toegegeven, de straf die Bhairav geeft duurt maar een fractie van een seconde en daarin ervaart de overledene wat anderen in misschien talrijke hergeboortes moeten doorstaan. Het is als een soort vagevuur, *instantané*, en Kala Bhairav is de toezichter".

---

4 Vertaald uit Diana Eck, *Banaras. City of light*, blz. 192-193.

De verering van het 'goddelijke' in de figuur van Bhairav heeft misschien zijn oorsprong in de ervaring dat God alle kwaad vernietigt: het kwaad in elk individu en het kwaad in de maatschappij. Tegelijk zijn in de context van deze figuur praktijken ontwikkeld die als inspiratie dienden voor de scriptwriter van 'Indiana Jones and the temple of doom': afschuwelijk ritueel voedsel en zelfs mensenoffers. In teksten van meer dan duizend jaar oud vinden we verwijzingen naar dergelijke praktijken en rituelen. Of ze nu nog in die mate bestaan is natuurlijk sterk te betwijfelen. Sekten zoals de Kalamukhas en de Kapalikas (de 'schedeldragers') — en recentelijk, maar op een veel mildere manier, de Aghoris die in Benares een tempel hebben — houden voor dat alle mogelijke resultaten die men in dit leven en zeker later wilde bereiken, kunnen worden verkregen door bepaalde praktijken: het gebruik van een schedel als drinkbeker, het lichaam insmeren met de as van een crematie, het vlees eten van een gecremeerd lijk, niet-vegetarisme, drinken van sterke dranken en zelfs mensenoffers. Dit alles om bepaalde magische krachten te verkrijgen. Door de initiatie in de sekte van de 'Schedeldragers' konden mannen van alle kasten zelfs onmiddellijk brahmaan worden! Deze asceten, strikte vereerders van Bhairav, zo lezen we, liepen naakt rond, ingesmeerd met as, gewapend met een drietand of een zwaard, en met een schedel als bedelnap. Er staat geschreven dat ze voortdurend halfdronken rondliepen en sterke drank dronken uit de schedel. Het doel van dit soort ascese was allicht gedeeltelijk om de zonden uit vorige levens uit te boeten. Het hoofddoel bleek toch eerder te zijn dat de asceten magische krachten wilden verwerven, door zich ritueel te identificeren met de ascese van Shiva. Mensen waren doorgaans bang voor deze asceten, die niet terugdeinsden voor geweld en soms jonge vrouwen lastig vielen.

Dit fenomeen heeft ongetwijfeld bestaan maar was toch eerder uitzonderlijk in het grote bos van de hindoe ascetische traditie. Het ligt wel aan de basis van allerhande extravagante en pikante voorstellingen over India.

Aapje aan een koord,
popje aan een touw

ik speelde zoals jij speelde
ik sprak zoals jij sprak
ik was zoals je me liet zijn.

Oh ingenieur van deze wereld
Heer zo wit als jasmijn

Ik heb gelopen
Tot jij riep 'stop'.

7. "Vereer mij als *Lingam*", zegt Shiva. Waarom?

Wetenschappers kunnen niet met zekerheid stellen vanaf welke eeuw Shiva werd afgebeeld in de Lingam of fallische steen. Dit gebeurde in elk geval lang vóór men hem afbeeldde in menselijke vorm. Die Lingam's vindt men over geheel India, in alle formaten en op de meest onmogelijke plaatsen. Honderdduizenden moeten er zijn en ik heb er ook gezien in Indochina en in Indonesië, in tempels van meer dan 1.000 jaar oud. In feite kan Shiva niet beschreven worden en wordt hij het best afgebeeld in een onpersoonlijke fallussteen. Maar voor wie hem eert, kan hij verschijnen in menselijke vorm, zo zegt men. Of anders gezegd, mede omwille van de grote nood om ook de hindoegoden meer menselijk voor te stellen, in rivaliteit met het zeer populair geworden boeddhisme tijdens de eeuwen rond het begin van onze jaartelling, werden Vishnoe (en zijn neerdalingen) en Shiva meer aanschouwelijk voorgesteld. En meer menselijk ook.

De vroegste *menselijke* afbeeldingen van Shiva zijn nog wel geassocieerd met de Lingam of fallus: een figuur stapt uit de fallus.

Wellicht nergens is de verering van de fallus zo algemeen verspreid en zo ingrijpend in de theologische ontwikkeling als in India. Elk dorpje heeft zijn fallusstenen, steden zoals Benares en Bhuvaneshvar hebben er duizenden en vele tempels in Zuid-India hebben vele Lingams in alle vormen en formaten. Er zijn zelfs twaalf bijzonder heilige Lingams, in de verste uithoeken van het sub-continent. Eén ervan, in Somnath in het westelijke Gujarat, werd door de moslim

Mohammed van Ghazni (in 1023) uit een tempel gehaald om als zuil te functioneren. En omgekeerd, in het oostelijke Orissa werd een zuil van (de boeddhistische) keizer Ashoka in een tempel als Lingam geïnstalleerd. De meeste Lingams zijn door de mens opgericht, maar enkele zijn 'vanzelf ontstaan' (*svayambhu*), of liever 'Shiva zelf verscheen in de vorm van een steen en eiste verering'.

De vrouwelijke kracht (*shakti*) of partner van Shiva wordt in de iconografie van de fallus ook afgebeeld, in de basis van de steen in de vorm van het vrouwelijk geslachtsdeel (*yoni*). Het water dat uit een kruik voortdurend op de top van de fallus druppelt vloeit langs het kanaaltje van de *yoni* naar buiten en wordt door de gelovige meegenomen als heilig water.

Wellicht moeten we de oorsprong van Shiva, vereerd als fallus, zoeken in de pre-vedische periode, maar de eerste afbeeldingen van Shiva als fallussteen vinden we pas vanaf de 2e eeuw vóór Christus. Rond die periode ook zijn de mythen te dateren die een verklaring geven voor deze verering, wellicht als poging om de intrede van dit niet-vedisch ritueel in het orthodoxe hindoeïsme te rechtvaardigen.

> In Engelse kronieken uit de 18e eeuw lezen we dat vele hindoes toen meldden dat de zwarte steen in de Kaaba van Mekka in feite een Lingam is die door de moslims werd meegenomen. Ook heuveltoppen en bergen worden soms aanzien als Lingams, zoals de Arunachal berg bij Tiruvannamalai, waar de heilige Ramana Maharshi woonde, of de berg Kailash in Tibet, die eeuwenlang duizenden op pelgrims- en bergtocht heeft gelokt.

In de *Poeran* literatuur (vanaf 600 na Christus?) vernemen we waarom Shiva in feite in een fallus wordt vereerd. Vele van die verhalen zijn een handige verklaring voor de opname van autochtone praktijken in het hindoepantheon. De volgende mythe neemt ons naar de specifiek hindoe context van het cyclisch wereldbeeld.

> Na een of andere lange periode van bestaan wordt het universum vernietigd. Alles sluimert, tot Brahma, Shiva en Vishnoe op een zeker moment ongemerkt uit de kosmische wateren te voorschijn komen en beslissen dat er maar opnieuw moet geschapen worden. Wie zal het doen? Shiva wordt aangeduid. Hij duikt terug onder water, maar

verschijnt niet meer, ontelbare jaren lang. Het geduld van Brahma geraakt ten einde en hij nodigt Vishnoe uit om een nieuw universum tot stand te brengen. Hemelen, planeten, goden en demonen, de aarde, enzovoort worden geschapen en als alles voltooid is verschijnt Shiva opnieuw ten tonele. Hij is gefrustreerd door al het mooie door Vishnoe geschapen en met een reusachtig vuur uit zijn mond vernietigt hij alles. Overtuigd dat zijn penis, als symbool van de mannelijke scheppingskracht, nu toch nutteloos is hakt Shiva hem af en slingert hem naar de aarde. De penis dringt diep in de aarde door en blijft tegelijk rechtop staan, tot in de hemelen. Vishnoe als Ever daalt af naar beneden om het einde van de penis te vinden en Brahma vliegt naar boven in de vorm van een gans. Maar geen van beiden vindt het einde. Dan verschijnt Shiva *in* de Lingam en kondigt aan: "Wie mijn penis vereert, zal al zijn wensen vervuld zien". Brahma en Vishnoe knielen nederig neer om de Shiva-lingam te vereren.

Andere barden, meer dan tweeduizend jaar geleden, hebben een ander kleurrijk verhaal om de castratie van Shiva te vertellen:

We bevinden ons op de bosrijke bergen van de Himalaja, waar de beekjes helder water hebben en de lucht zuiver is. Een groot aantal asceten hebben er hun toevlucht gezocht en beoefenen er allerhande soorten ontbering. Sommigen eten alleen gras, anderen staan jarenlang op hun grote teen of blijven gehurkt zitten. Weer anderen lopen naakt rond of leven als wilde dieren. Plots verschijnt een afschuwelijk wezen dat alleen wartaal uitslaat. Hij verstoort de rust van de omgeving, maar de asceten zijn niet in staat om in hem Shiva te herkennen. Met de magische kracht door ascese verworven, vervloeken ze de gekke verschijning om nooit meer nakomelingen te krijgen: "Laat Uw penis op de grond vallen". Dit gebeurt dan ook, maar pas nadat Shiva zelf heeft aangekondigd dat Hij het wil laten gebeuren.
Hij verdwijnt terstond en de fallus zakt af tot in de onderwereld en stijgt tegelijk tot boven in de hemelen. Geheel de aarde beeft. Brahma loopt in paniek naar Vishnoe en vraagt om uitleg. Vishnoe is al op de hoogte en weet dat Shiva's Lingam op de aarde gevallen is. Beiden gaan kijken en Vishnoe daalt af tot in de onderwereld terwijl Brahma op zijn lotus stijgt tot in de hemelen. Maar het einde van de Lingam kunnen ze niet vinden. Shiva verschijnt uiteindelijk zelf en verklaart dat hij zijn eigen vorm pas dan opnieuw zal aannemen (en die kosmische wanorde zal verwijderen) als goden en mensen beloven hem voortaan

te vereren in de vorm van een fallus. Vishnoe en Brahma gaan akkoord en staan borg voor de goden en de mensen. De reuze Lingam verdwijnt en Shiva kondigt aan dat al wie zijn Lingam vereert, alle wensen vervuld zal zien.

In een ander verhaal is de versie enigszins verschillend.

De Lingam nam de vorm aan van een reuze vuurzuil die de kosmos teisterde. Brahma wist dat de zuil alleen kon worden verwijderd als de goden de berggodin Parvati zouden vereren en haar zouden vragen de reuze Lingam in haar *yoni* op te nemen. Parvati werd bereid gevonden en het vuur van Shiva werd gedoofd. Daarom wordt de Lingam afgebeeld boven op de *yoni*.

Er is ook een meer sektair gekleurde versie van dit verhaal, geïnspireerd door een vishnoeïtische omgeving:

Al de grote asceten van het universum zijn in vergadering bijeen. Op de agenda staat de vraag: Wie van de drie goden (Brahma, Shiva en Vishnoe) verleent het opperste goed en moet derhalve het meest vereerd worden. Urenlang wordt er gedebatteerd en allerhande argumenten komen naar voren, maar eensgezindheid wordt niet bereikt. Tenslotte wordt de belangrijkste asceet, Bhrigu, aangesteld om de goden zelf te bezoeken en zich ter plaatse een opinie te vormen. Wanneer hij in de Himalaja het paleis van Shiva bereikt, wordt hij aan de poort brutaal tegengehouden door de bewaker, de stier Nandi. Immers, Shiva is in een liefdesspel met Parvati en mag niet gestoord worden. Dit blijft maandenlang duren en Bhrigu wordt woest. Hij vervloekt Shiva: "Je zal op aarde alleen nog in de vorm van een Lingam (en Yoni) worden vereerd, en het ritueel water zal door brahmanen niet worden aangeraakt". Als Shiva dit gewaar wordt, wil hij de machtige Bhrigu aanvallen, maar gelukkig kan zijn vrouw Parvati hem tegenhouden, om groter onheil te vermijden. Feit is dat zo de Lingam van Shiva een cultusobject op aarde is geworden. De reis van Bhrigu gaat dan verder tot bij Brahma en tenslotte tot bij Vishnoe, die tot overwinnaar wordt uitgeroepen.

48

Als ik honger
geeft de stad me rijst
in mijn bedelnap.
Als ik dorst
zijn er de rivier,
de vijver en de waterput.
Als ik wil slapen
zijn er de ruïnes van de tempels.

Als mijn ziel eenzaam is
ben Jij mijn gezel,

o Heer wit als jasmijn.

8. De wevers van Benares

Niet alles in Benares heeft met Shiva en bevrijding van hergeboortes te maken. Er is veel meer dan het oog ziet. Daar zijn bijvoorbeeld de tienduizenden wevers, waarvan de meesten van een miserabel dagloontje moeten leven. Veelal hebben ze talrijke kinderen, ze zijn moslim en wonen in nauwe stegen in overbevolkte huizen. Ze maken de wereldbefaamde Benares zijde. In de volkstelling van 1872 waren er toen 1.185 'wevers van zijde' en 3.670 wevers in Benares. Uit een studie van 1981 blijkt dat er 150.000 'wevers van zijde' waren en 500.000 mensen die met de zijde-industrie te maken hadden, rechtstreeks of onrechtstreeks. In de jaren tachtig schreef Nita Kumar[5]:

"Op een doorsnee bruiloft van een arme familie van wevers waar ik was uitgenodigd, was de totale uitgave minder dan 100 roepies. De enige verandering in de ruimte van het huis was een oud doek dat werd opgehangen om de grootste kamer in twee te verdelen: één deel voor de mannen, het andere voor de vrouwen. De enige versnapering was betel en thee, met melk alleen voor de speciale gasten, zoals de sardar, de mauvli, en in dit geval de onderzoekster. De bruidsschat was een aluminium pot, een pan en een schotel, een beker, en enkele symbolische bankbriefjes. Het feest was voorbij in 30 minuten".

En toch, voegt de onderzoekster er aan toe, is de gastvrijheid buitengewoon. Hun basisvoedsel is niet meer dan linzen en rijst en brood,

---

[5] Nita Kumar, *The Artisans of Banaras: Popular culture and identity, 1880-1986*, Princeton University Press, New Jersey, 1988, blz. 15.

soms één groente, d.w.z. een aardappel. De zijde-industrie in Benares is sinds eeuwen de ruggegraat van de economie, die zijn gelijke wellicht alleen vindt in de inkomsten uit de 'pelgrim-industrie'.

Eén moslim wever uit Benares is over geheel India bekend. Hij leefde rond 1450. Zijn religieuze liederen en forse uitspraken zijn in vele talen vertaald. Zelfs vele Zuid-Indiërs die niet goed Hindi spreken, zullen enkele van zijn verzen (in vroeg-Hindi) kunnen citeren. Zijn naam is Kabir. Ik ben zeker dat vele verzen aan hem toegeschreven in feite niet van hem zijn, maar één ding staat vast. Wat hij zag dat zei hij en hij zei het sterk. Zijn taal was heel dikwijls beledigend, niet zelden diep mystisch, altijd indrukwekkend. Ik vertaal hier een gedicht uit de *Bijak*[6]: een beschrijving van Benares in 1450. Is het ook nu nog toepasselijk?

> Heiligen, ik zie dat de wereld gek is.
> Als ik de waarheid vertel komen ze aangelopen
> om mij te slaan.
> Als ik lieg geloven ze mij.
> Ik heb die vrome hindoes gezien,
> ze volgen al de voorschriften
> en nemen 's morgens hun bad.
> Ze vereren stenen en doden de ziel.
> Ze weten niets.
> Ik heb zoveel moslim leraars gezien,
> heilige mannen
> die de heilige boeken lezen
> en hun leerlingen technieken aanleren.
> Ze weten even weinig.
> En dan al die yogis in allerhande houdingen,
> huichelaars,
> hun hart barst van arrogantie,
> ze aanbidden brons, stenen,
> in trots zwalpen ze op bedevaart,
> met nette potsen en rozenkransen,

[6] Linda Hess, *The Bijak of Kabir*, Voor nog meer vertalingen van Kabir verwijs ik naar mijn boek, *Hindoeïsme. Goden, goeroes, gezangen*, Davidsfonds, 1994, Leuven, blz. 61-70.

hun voorhoofd en bovenarmen beschilderd.
Ze balken hun gezangen en versjes,
zwalpend.
Ze weten niet wat 'ziel' is.
De hindoe zegt 'Ram is de geliefde',
de moslim zegt het is Rahim.
En ze vermoorden elkaar.
Niemand kent het geheim.
Ze brommen hun mantra's van huis tot huis,
barstend van trots.
De leerlingen verdrinken samen met de goeroes.
En daarna hebben ze spijt.
Kabir zegt, luister heiligen:
allemaal zijn ze verdwaasd.
Wat ik ook zeg, niemand begrijpt het.
Het is té eenvoudig.

Vijfhonderd jaar geleden noemde Kabir zichzelf een *julaha*, en in de heiligenlevens van de 17e eeuw wordt hij 'Kabir de *julaha*' geheten. De meeste wevers in Benares zijn moslim, maar ze worden niet meer *julaha* geheten, maar Ansari. De naam Ansari gelijkt op een hindoe kastenaam, in die zin dat de naam verwijst naar een endogame groep traditioneel met een bepaald beroep geassocieerd. In vele dorpen in India zijn er nog wel de hindoe *julaha*s, die als 'achterlijk' geklasseerd zijn en zich in feite onderaan de hindoe kaste-hierarchie bevinden. Als er ongeveer 15% van de wevers in Benares hindoe *julaha*s zijn, komen ze meestal uit de naburige dorpen en daar wonen ze ook. De zijde-industrie in Benares is een quasi moslim, Ansari, monopolie.

Waarom dit zo is hebben onderzoekers nog niet kunnen uitpluizen. Zijn zij hindoe *julaha*s geweest die zich *en bloc* tot islam bekeerden, eeuwen geleden? Of hebben de moslim invallers vanaf de jaren 1400 de technologie van het zijdeweven meegebracht en angstvallig bewaard? Wat het ook weze, we weten dat de voorvaders van de *julaha*s in Benares reeds in 500 vóór Christus ergens in India zijde produceerden. Zoals voor zoveel dingen bestaan er in het Sanskriet ook voor 'zijde' een aantal synoniemen. Sommige van die woorden (zoals *kausheya*, in de grammatica van Panini, ca. 400 vóór Christus) verwijzen duidelijk naar de cocon van de zijderups. In de epen, *Mahabharat* en *Ramayan,* zijn er verschillende verwijzingen naar zijde 'zo zacht als een lotus-blad'. De wetgever Manu (ca. 200 vóór Christus) waarschuwt ons: als je zijde van iemand steelt, kom je terug als een patrijs. Ik vraag me af hoe hij dat kon weten!

Deze referenties gaan tot een ver verleden terug, maar zijn niets in vergelijking met wat we in China vinden: de vroegste verwijzing naar zijde zou er dateren van 3.000 vóór Christus. Dood door foltering was de straf die de Chinezen gaven aan wie het geheim van de zijde-productie aan niet-bevoegden doorgaf. Vooral het uitbrengen van het geheim van de cocon-kweek stond gelijk aan hoogverraad. Als de technologie in India *niet* is uitgevonden, dan kunnen we hier spreken van een zeer vroeg geval van industriële spionage. Is het waar of niet waar, maar de eerste cocons zouden uit China naar India zijn gesmokkeld in de weelderige haartooi van een Chinees meisje dat in India werd uitgehuwd. Een feit is dat vanaf de jaren 1500 duizenden zijden kleren werden besteld voor het hof van de Mogols: de keizers droegen zelf de kleren, en gaven ze ook weg als geschenk aan buiten-landse en Indiase diplomatieke bezoekers.

Bijna zoals de diamant, heeft zijde een belangrijke plaats in de verbeelding van de mensen. Zijde zou zelfs verschillende hoedanig-heden hebben: van bescherming tegen huidziekten tot beveiliging tegen bliksem. Hindoes, van nature behept met reinheid, hebben zijde bijzonder rein verklaard. Het wordt gewassen 'door de lucht' en kan meerdere keren gedragen worden, ook in een warm, vochtig kli-maat. Ook het koelend effect in de hete zomermaanden is bekend. Voor verscheidene hindoekasten is het dragen van zijden kleren ver-plicht op een bruiloft. (Draag nooit zwart als je op een hindoehuwe-lijk bent uitgenodigd). Het is merkwaardig dat bijna al de zijde die door hindoes gebruikt wordt om hun goden aan te kleden geweven wordt door moslims!

En waarom in Benares, waar het klimaat niet gunstig is om de zijdeworm te kweken? Zou hier een uitzonderlijke interactie tussen het religieuze en het commerciële de verklaring zijn? Sinds meer dan tweeduizend jaar is Benares een heel belangrijk religieus centrum, hoewel haar grote populariteit vooral tijdens de laatste drie eeuwen is gegroeid. Heel subtiel werd de slogan 'sterf in Benares en je onmiddellijke bevrijding is gegarandeerd' over geheel India verspreid. Koningen en rijken bouwden huizen en paleizen om er hun laatste dagen of jaren door te brengen. Ze kwamen niet alleen. Ze brachten hun vrouwen en hun geld mee. Benares lag ook op de oost-westhandelsroute en werd een belangrijk financieel centrum. Banken en geldschieters floreerden. Immers, zoals in elk belangrijk religieus centrum overal ter wereld was er ook in Benares veel geld in omloop. Geld betekent business en het werd besteed aan het zeer verfijnde kunstambacht van het zijdeweven. Dit zou een goed aanneembare hypothese kunnen zijn om het succes van het zijdeambacht in Benares te verklaren.

In vele stegen van de binnenstad kan je de voorloper bewonderen van de moderne computer: de 'Jacquard' geperforeerde kaarten die het weven van de meest gecompliceerde weefpatronen dirigeren. Daarnaast, zo zegt men in Benares, komen er ongeveer dertig gespecialiseerde ambachten te pas bij de productie van de zo gegeerde Benarsi sari. Elkeen moet zijn klein deeltje krijgen van de prijs, maar het is vooral de verkoper die met het grootste deel wegloopt. Ook de reisgids moet een commissie krijgen, vooral als hij buitenlandse toeristen in een verkoopzaal kan binnenloodsen. Over de jaren is er zeer weinig technologische vooruitgang geweest in het productieproces. De Ansaris van Benares zijn een gesloten groep, waar liberalisatie van welke soort ook minder belangrijk is dan het in standhouden van de traditionele waarden. Vrouwen en meisjes worden strikt in *parda*, (letterlijk 'sluier') of afzondering gehouden en er zijn veel, teveel kinderen voor één karig loon. Maar bij de promotie van de Banarsi sari wordt dit alles netjes verborgen gehouden achter het blinkend goud van het borduurwerk.

Zoals een zijdeworm zijn huisje bouwt
met zijn eigen merg,
en sterft gespannen in zijn eigen draad,

zo brand ik mezelf op
hunkerend naar wat mijn hart verlangt.

Snij de gulzigheid van mijn hart door,
Heer,
en toon mij
hoe ik terug naar buiten kan.

Heer, zo wit als jasmijn.

9. Ganesh, de 'zoon' van Shiva

Hij is de meest populaire god in Maharashtra, waar hij Gan-pati wordt genoemd. Hij wordt aanroepen door studenten met examen-koorts, elke handelaar begint zijn nieuw factuurboek met een gebed tot hem, hij houdt van snoep en hij danst op één been: hij heeft een dikke buik en de kop van een olifant. Zijn sluwe oogjes loeren aan weerskanten van zijn slurf en niettegenstaande zijn weinig aantrek-kelijk uiterlijk, is hij wellicht een van de meest populaire goden over geheel India. Het is niet alleen zijn olifantenkop die hem bizar maakt. Zijn armen zijn te kort en te plomp, zijn buik is buiten pro-portie, hangend over zijn korte beentjes. Je denkt onwillekeurig aan de talrijke afbeeldingen, in Indische tempels, van de vroege demon-figuurtjes die pilaren schragen, of de dwergen die reeds op de Boed-dhistische stoepa van Sanchi voorkomen (1e eeuw vóór Christus). Zijn zwaarlijvigheid is een grote handicap en door zijn olifantenkop slaagt hij er niet in zijn ware oorsprong te verbergen.

Ganesh brengt ons tot de vroegste lagen van de religieuze ontwikkeling in India. Er waren overal — in Griekenland, Egypte en Mesopotamië — goden met de kop van een dier of van een vogel. In de meeste gevallen echter probeerden de goden, die als dier werden voorgesteld, zo vlug mogelijk een meer menselijke gedaante aan te nemen. En meestal was de kop het laatste deel van het lichaam dat werd vermenselijkt. Ganesh behoudt zijn olifantenkop en herinnert ons aan de aanwezigheid van de olifant in vele mythologische verhalen in het oude India. De olifant was altijd een symbool van geweld én van vriendelijkheid, van wilde kracht én vernieling, van steun én bescherming. Dit is duidelijk weerspiegeld in het karakter van Ganesh, die obstakels plaatst én verwijdert. Heel waarschijnlijk is hij ook als olifant het pantheon binnengestapt.

Maar dit blijft voorlopig zuivere speculatie. Er zijn geen literaire bronnen die Ganesh associëren met de cultus van de witte olifant in zuidoost-Azië of met de prominente aanwezigheid van de olifant in de verhalen over de Boeddha in zijn vroegere levens. We kunnen Ganesh ook niet in verband brengen met de olifant Airavata, het rijdier van de vedische god Indra. Het totaal ontbreken van vroege documenten over Ganesh mag ons echter niet doen besluiten dat er ook geen cultus was, vóór het moment dat hij voor de eerste keer verschijnt in de literaire bronnen. Volgens sommige auteurs zou hij oorspronkelijk een Dravidische (Zuid-Indische) autochtone god zijn geweest, in een maatschappij die de zon vereerde. Is zijn voertuig ook niet de rat, het diertje dat de nacht symboliseert?

Anderen wijzen op de duidelijke associatie met een dierencultus. Immers, Ganesh komt in de oude tempels veel voor in het gezelschap van de dier-verschijningen van de god Vishnoe. Heel waarschijnlijk was Ganesh een populaire godheid in de dorpen. We lezen in de *Manu-Shastra* (enkele eeuwen vóór Christus):

"Shiva is de god van de brahmanen en Ganesh is de god van de paria's".

Maar hij was zo belangrijk dat het assimilatieproces hem tot een zoon van Shiva maakte. En dan moet worden verklaard hoe hij aan zijn olifantenkop is geraakt. Een mooi voorbeeld van omgekeerde geschiedschrijving:

Ganesh was heel waarschijnlijk een dierengod, een totemgod die in het hindoepantheon werd opgenomen, maar de verhalen doen geloven dat hij de zoon van Shiva was die per ongeluk met een olifantenkop werd bedeeld.

In dezelfde zin ook moeten we de verklaring zien voor het feit dat hij slechts één tand heeft. Het verhaal heeft er een verklaring voor, maar wellicht lang vóór het verhaal ontstond was er reeds de naam *Ek-dant* of 'Eén-tander'. Deze naam wordt in verband gebracht met een ritus rond de oogst en de 'ene tand' verwijst dan naar de ploegschaar.

Als het correct is dat Ganesh een god van de lagere klassen was, tot ongeveer de 6e eeuw na Christus, begrijpen we ook dat hij niet voorkomt in de literaire bronnen.

Merkwaardig is wel dat de naam 'Ganesh' voorkomt in de oude teksten van het *Mahabharatepos*, maar dan wel voor Shiva. De etymologie van het woord *gan-esh* maakt het duidelijk: *esh* betekent 'heer' en *gan* zijn de kleine godheden die in de buurt van Shiva wonen op de berg Kailash in de Himalaja. Shiva is de heer bij uitstek van deze godheden. Vandaar de naam Gan-esh. Verder vinden we, in de context van het *Mahabharat*epos, de secretaris genaamd Ganesh. De legendarische auteur van dit Sanskriet werk (drie keer het formaat van de bijbel) reciteerde het werk in versvorm en dicteerde het aan zijn 'secretaris' Ganesh die het terstond neerschreef.

De associatie van deze secretaris met onze lieflijke Ganesh met olifantenkop is van veel latere datum en wellicht foutief.

Zijn populariteit als 'Gever van succes' heeft Ganesh niet zozeer te danken aan zijn (latere) promotie tot patroon van schrijvers. In de 10e eeuw na Christus ontstond de belangrijke, mystieke secte van de Ganpatya's, die over geheel India aanhang vond en zelfs de devotie van Shiva tijdelijk verdrong. Tempels voor Ganesh alleen werden opgericht, met als bewakend dier de rat, zoals de stier Nandi staat voor de Shiva schrijnen. Ganesh werd ook aanbeden als een godheid die stond boven Brahma, Shiva en Vishnoe.

Ganesh wordt vereerd bij het begin van een belangrijk werk. In een oude Tantrische tekst staat geschreven dat

Ganesh moet worden vereerd bij de wijding van een waterput of van een gegraven vijver, en ook bij de consecratie van een nieuw beeld. De gelovige moet zich op Ganesh concentreren en zich hem voorstellen als "in fel rode kleur, met drie ogen, een vette buik en met in Zijn lotushanden de kinkhoorn, de strop, de olifantenstang, en een zegen gevend. Op zijn voorhoofd blinkt de nieuwe maan".

In vele hindoehuizen kun je deze afbeelding nu nog aantreffen. Vooral in Zuid-India is Ganesh een populaire huisgod, met de naam Pillaiyar, of 'de zoon'.

Moge Ganesh
die danst in donderende rondes
zijn slurf hoog opgeheven
terwijl de nacht voortschrijdt
en hij sissend fluit
en licht rondstrooit
als voedsel voor de sterren

u bescherming bieden

10. De olifantenkop van Ganesh

Al naargelang het *Poeran* boek waarin het verhaal voorkomt en, afhankelijk ook van de streek waarin het verhaal ontstond, de lokaal bestaande, rivaliserende godheden en de barden die de boodschap verspreidden, vinden we een grote variëteit aan verklaringen voor de olifantenkop van Ganesh. In elke versie van een verhaal is de lectuur tussen de lijnen heel belangrijk. Immers, er is meer dan het 'historische' verhaal. Elk verhaal steekt vol metaforen die ook in andere verhalen verschijnen en aldus het ene verhaal met het andere verbinden, de ene 'goddelijke' realiteit in de andere doen overgaan. Verder licht elke metafoor iets op van het kosmische mysterie.

> Het belang van het verhaal ligt immers niet in het vertellen van wat er gebeurd is, maar in het doen aanvoelen van hoe de kosmische werkelijkheid functioneert en hoe de mens ermee in verband staat.

En zo daalt elk verhaal ook opnieuw neer naar de menselijke realiteit: elk verhaal heeft een betekenis voor de mens nu.

Ganesh werd door zijn moeder vervloekt:

> In de fabelachtige tempel van Somnath — de Shiva tempel in westelijk Gujarat die in de 11e eeuw door de moslim Mahmud van Ghazni vernield werd — heeft de god Shiva een speciale ritus voor zichzelf laten organiseren. Als promotie voor de ritus wordt een bonus gegeven: wie op die plaats, mét de voorgeschreven offers, Shiva vereert, krijgt de garantie van een plaats in de hemelen. Het resultaat blijft niet uit. De

hemelen worden overrompeld door Shiva's trouwe volgelingen, zoals daar zijn "vrouwen, barbaren, paria's en andere zondaars". Bij hen ontbreken niet alleen alle fatsoenlijke hoedanigheden om in de hemelen te kunnen vertoeven: in feite waren ze van meet af aan voorbestemd geweest voor de hel! De reactie laat niet lang op zich wachten. Verontwaardigd trekken de kleinere goden, geleid door Indra naar de berg Kailash in de Himalaja waar Shiva resideert. Daar protesteren ze bij Shiva en wijzen erop dat ze zelf praktisch uit hun hemelen worden weggedrumd door die ruwe inwijkelingen! De almachtige Shiva moet er toch maar iets op vinden, obstakels creëren, om die nietsnutten buiten de hemel te houden.

Shiva begrijpt het ongenoegen van zijn goddelijke buren en gaat in diepe trance. Op zijn voorhoofd verschijnt een schitterend licht en een wondermooi jongetje wordt eruit geboren. Shiva's echtgenote, Parvati, wordt echter jaloers als ze het mooie kind ziet dat geboren is zonder haar medewerking. En ze vervloekt hem: "Je hoofd zal dat van een olifant zijn en je lichaam zal ontsierd worden door een vette buik"! Shiva kan zich tegen deze vloek over zijn zoon niet verzetten, maar hij zegent hem:

> *"Succes en ontgoocheling komen uit jouw voort, Ganesh.*
> *Men zal je altijd vereren vóór de andere goden.*
> *Indien niet, zal geen enkel gebed resultaat hebben"*[7].

Ganesh krijgt dan de opdracht ergens een plaats te zoeken langs de weg die leidt naar de tempel van Somnath. Daar moet hij de pelgrims ontmoedigen om verder te trekken naar het schrijn van Shiva. Hij moet vooral de echtgenoten en de kinderen bewerken en hen bezittingen aanbieden. En Ganesh krijgt een gebed als commissieloon: wie Ganesh zelf aanbidt met de volgende formule, zal er toch in slagen om de tempel van Somnath te bereiken:

[7] In een andere versie is het Shiva die niet bij de geboorte betrokken is.

De goden komen tot bij Parvati, Shiva's echtgenote, en vallen voor haar op hun knieën. Parvati wordt door medelijden bewogen, wrijft zachtjes over haar buik en baart een mooie zoon, met vier armen en de kop van een olifant.

Ook deze versie heeft nog enkele varianten. Volgens andere verhalen wordt Ganesh geboren uit het vuil in het badwater van Parvati (en Shiva), of uit hun samengevloeid zweet, of uit een druppel bloed: symbolen die moderne interpretaties in vele richtingen toelaten!

"Ik loof U, Ganesh, Heer van moeilijkheden en obstakels,
Gij die de overwinning geeft".

Al de goden zijn tevreden met dit compromis en trekken terug naar hun hemelen.

En dit verklaart ook waarom sukkelaars tot Ganesh bidden. Volgens een ander verhaal is Ganesh zelfs niet uit Shiva of Parvati geboren. Hij is een manifestatie van Krishna, de neerdaling van de god Vishnoe.

Parvati is diep bedroefd omdat ze van haar asceet-echtgenoot Shiva maar geen kinderen krijgt. Ze begint de speciale verzoeningsritus tot Shiva, die erin bestaat dat ze een jaar lang elke dag bloemen en fruit aan hem zou offeren. Een jaar gaat voorbij en er gebeurt niets. En dan klinkt een stem uit de hemel, die zegt: "Ga naar je kamer en daar zal je jouw zoon vinden". Ze vindt er haar zoontje die in feite een manifestatie is van Krishna. Een groot feest wordt georganiseerd en alle goden komen Ganesh eer betuigen. Alleen de god Saturnus weigert het kind aan te kijken. Parvati dwingt hem het kindje in de ogen te kijken en terstond wordt zijn hoofdje afgerukt en het kindje wordt weggezogen naar de hemel waar Krishna zelf resideert.
De machtige god Vishnoe — die in Krishna mens werd — is zelf aanwezig op het feest van Parvati. Hij springt op zijn rijdier, de arend Garud en vliegt tot bij een rivier waar hij de olifantenkoning Gajendra vindt. Die ligt lui te slapen na zijn gepassioneerd stoeien met de wijfjes. Vishnoe hakt diens kop af en plaatst hem op het onthoofde kind, dat weer springlevend wordt.
En zo heeft Ganesh zijn olifantenkop!

In een ander verhaal over de geboorte van Ganesh is Shiva zelf aan het woord:

"Op zekere dag daalden ik en Parvati af naar de bossen aan de voet van de Himalaja, voor een piknik met ons beiden. Bij een meertje zagen we daar een olifant spelen met zijn vrouw. We werden er zo door opgehitst, dat we besloten te vrijen in de gedaante van olifanten. We veranderden ons lichaam en het resultaat van een heerlijke namiddag in het bos was een zoon, met de kop van een olifant".

Een andere bard geeft het pijnlijke relaas van hoe Shiva zijn zoon kwetste:

Shiva was jarenlang in diepe meditatie verzonken geweest. Op zekere dag komt hij naar huis. Hij herkent zelfs zijn eigen zoontje Ganesh niet meer. Die staat voor de deur, met de opdracht geen vreemden binnen te laten omdat zijn moeder Parvati een bad aan het nemen is. Ook Shiva wordt halsstarrig de toegang geweigerd. In zijn woede hakt Shiva het hoofd van zijn zoon af. Als hij binnenkomt en zich realiseert wat er is gebeurd, belooft hij zijn zoon terug tot leven te roepen en hem het hoofd te geven van het eerste wezen dat hij buiten zou vinden. En toevallig komt een olifantje voorbij!

De vraag is: wilde Shiva wel een zoon? De geboorte van Ganesh heeft bij de vertellers van mythen tot de wildste fantasieën geleid. Volgens sommigen is hij geboren uit de geest van zijn vader, maar bij de meeste vertellers is hij uit zijn moeder geboren, door een mengeling van enkele vloeibare elementen. Merkwaardig is dat de geboorte van Ganesh nooit wordt voorgesteld als zijnde het resultaat van de sexuele samenwerking van het ouderpaar, althans niet in hun gewone (goddelijke of menselijke) verschijning. Dit is niet ongewoon in de hindoemythologie. De geboorte van goden is meestal iets buitengewoon of onverwacht: een god wordt geboren uit de kosmische oceaan of uit een offervuur, uit vallend semen of bloed, uit de gedachte van de vader, enzovoort. Opvallend is vooral dat Shiva als vader niet vereist is. In deze context geeft Shiva een preek die als het ware een korte inhoud is van het oude hindoedenken:

> Zijn vrouw Parvati komt bij hem met een intens verlangen naar een zoon. Shiva antwoordt: "Dochter van de bergen[8], ik ben geen huisvader en ik heb geen behoefte aan een zoon. De goden hebben jouw aan mij opgedrongen, maar een echtgenote is de gevaarlijkste strop voor een man die geen passie kent. Daarbij, ook afstammelingen zijn een strop. Huisvaders hebben behoefte aan zonen en rijkdom, en een vrouw is nu eenmaal vereist om aan zonen te geraken. Ook zijn zonen nodig om offerandes te kunnen aanbieden aan de voorvaders. Maar ik sterf nooit, godin, en waarom zou ik dus een zoon moeten hebben. Als er geen ziekte is, hoef je ook geen medicijn te nemen. Kom, ik ben een man, jij bent een vrouw. Laten we genieten van datgene wat kinderen voortbrengt, maar laten we geen nakomelingen krijgen".

---

[8] Parvati, *parvat* betekent 'berg'.

De asceet Shiva gaat niet opzij voor een erotisch spel, maar zijn zaad geeft hij niet. Een ander veel voorkomend thema in de godsdienstgeschiedenis van het hindoeïsme vinden we in een verhaal dat moet verklaren waarom er geen kind *mag* geboren worden uit de sexuele vereniging van Shiva en Parvati. Een kind uit hen geboren, hun superieure krachten combinerend, zou zo machtig worden dat het alle andere goden zou opzij duwen, zelfs zijn eigen ouders. Dit thema van bedreiging bij de geboorte van een nieuwe 'god' vinden we geregeld terug in de verhalen. De kosmische krachten moeten subtiel in evenwicht worden gehouden.

Ook feministen vinden materie in de geboorteverhalen van Ganesh: volgens één versie wil Parvati een zoon, zonder de interventie zelfs van Shiva, om een lijfwacht te hebben die Shiva aankan en hem buiten kan houden.

Hoe moeten we de mythe van Ganesh interpreteren?

Hij is geconcipieerd tegen de wil in van zijn vader, hij wordt door zijn vader verwond en terug tot leven geroepen, hij is de beschermer van zijn moeder, enzovoort. Wellicht is dé reden voor de populariteit van Ganesh over geheel India, te zoeken in het feit dat in zijn leven zoveel situaties voorkomen die een parallel vinden in ons menselijk bestaan. Het is een verhaal van familierelaties. Het weerspiegelt onbewuste ambivalenties uit onze eigen, vergeten kinderjaren. Zonder in het extreme van Freud te vervallen, kan men toch in het leven van Ganesh heel wat psychoanalytische elementen vinden, vooral in de gewelddadige relatie met zijn vader. De mythe van Ganesh heeft een universeel karakter omdat het gevoeligheden in de menselijke relaties blootlegt, die niet alleen voor de Indische context van toepassing zijn.

Het verhaal begint in feite reeds vóór Ganesh verschijnt, met de spanning tussen zijn vader (Shiva) en zijn moeder (Parvati) over de vraag óf ze wel een kind wensen. De moeder heeft een sterk verlangen naar een zoon, de vader aarzelt. Zelfs de goden moeien er zich mee en hebben liever geen zoon. Voortdurend storen ze de intieme momenten van het koppel. Een zoon van Shiva zou immers hun eigen positie in het gedrang kunnen brengen. Na de geboorte zijn we getuige van de intieme relatievorming tussen zoon en moeder, terwijl de vader op ascetische afstand in de bergen blijft. Maar er komt een ogenblik waarop de zoon zijn moeder moet verlaten en moet opstaan tegen zijn vader, in een strijd voor superioriteit. Hij moet zijn moeder afstaan aan zijn vader, want tegen de kracht van zijn vader heeft hij geen enkele kans. De vader wil echter geen volledige onderwerping: hij verwondt slechts, maar doodt niet. Al deze elementen blijven meestal onbewust in een mensenleven. Op het niveau van de mythe kan de mens zijn emoties de vrije loop laten.

In het sterke verlangen van Parvati om een zoon te hebben zien we duidelijk de Indische context. De zoon is de ultieme voltooiing van haar creativiteit en geeft haar een status in de familie. Daarom dringt ze ook zo sterk aan bij Shiva om niet kinderloos te blijven. Een zoon kan later de dodenritus volbrengen als Shiva sterft. Maar dat interesseert Shiva allerminst. Hij is een asceet, die de relatie met zijn vrouw alleen in stand houdt voor het sexueel genoegen, zonder nakomelingen die de rust verstoren. Hij heeft immers geen behoefte aan de dodenritus, want hij staat reeds buiten de cyclus van hergeboortes.

De relatie tussen Ganesh en zijn moeder weerspiegelt de geschiedenis van intimiteit en verwijdering die iedereen moet doormaken. Ook Ganesh wil bij zijn moeder blijven en 'met haar huwen'. Wordt hij ook niet vereerd als de celibatair bij uitstek? Hij huwt niet om zodoende niet in competitie te komen met zijn vader, maar ook om als 'jongetje' bij zijn moeder te kunnen blijven. Het is onvermijdelijk dat in deze context ook van incest sprake is.

Ook de onverzadigbare drang om te snoepen kunnen we in deze context interpreteren. De gelovigen die Ganesh komen vereren bieden hem grote massa's van zijn geliefde snoepjes aan. Gezien het dubbel karakter van Ganesh, lieflijkheid en kwaadheid, moet hij voortdurend met snoepjes bevredigd worden. Anders wordt de 'bevrijder van obstakels' een 'god die obstakels plaatst'. De mythologische beschrijving van zijn identiteit geeft Ganesh een universeel karakter. Hij is typisch Indisch en toch weer een prototype van de mens. En hij staat tussen de mensen en de goden.

Gij die gelukt verschaft en ellende verwijdert
die genadevol ons uw liefde schenkt
en geen, ook maar geen hinderpaal achterlaat,
gij hebt een rode laag geverfd over je lichaam
en een krans van parels schitteren rond uw hals.

Zoon van Gauri,
gij hebt sieraden vol juwelen,
gezalfd zijt gij met *sandal,*
en rood poeder en saffraan,
een diamant schittert in uw kroon.

Zo prachtig is dit allemaal op u,
voetbelletjes tinkelen zacht
rond uw voeten.
Gij hebt een dikke buik,
gekleed zijt gij in gele zijde.

Uw slurf staat recht,
uw tanden zijn gebogen,
gij met de drie ogen.
De toegewijde van Ram
wacht op u thuis.

O god die door alle goden wordt geëerd,
wees ons genadig in moeilijke tijden
en bescherm ons in tegenspoed.

Heil aan u, heil aan u,
god met de gunstige vorm.
Wie u ziet krijgt alle wensen vervuld.

11. De Panda of 'pelgrimspriester'

Ik geef het toe. Ik werd kwaad zoals ik in jaren niet meer kwaad was geweest in India. Was het alleen vermoeidheid, of het storen van een intiem moment, of gewoon de verkeerde Panda? Mijn vrouw en ik hadden onze schoenen uitgetrokken en voor haar was het de eerste keer: we staan op de marmeren trappen van Haridvar, de 'poort naar God' met onze voeten in de Ganges. Enkele honderden kilometers ten noorden van Benares, daar waar de Ganges uit de Himalaja komt en het water nog zuiver en koud is. De bloemetjes op een blad en het kaarsje dat we geofferd hebben drijven eerst in cirkels rond en verdwijnen dan vlug in zuidelijke richting. We staan hand in hand en bidden voor wat ons het dierbaarst is. Een lokale 'pelgrims- priester', een Panda, heeft het argument met zijn collega's gewonnen en mag ons als prooi benaderen. Erop vertrouwend dat alle mensen op aarde Hindi begrijpen staat hij tussen ons en de Ganges, tus- sen ons gebed en het prachtig zicht van de bergen. In halfbakken Sanskriet reciteert hij enkele mantra's voor onze zielevrede en een lang leven en de vergeving van onze zonden, en in beschaafd Hindi zegt hij tussendoor voortdurend 'dat hij 15 roepies verlangt voor zijn tussenkomst'. Het was toen ik niet meer kon doen alsof ik hem niet verstond dat ik kwaad werd. Maar hij liet niet los, overtuigd dat we echt zondaars waren als we ons durfden kwaad maken tegen *hem*, een brahmaan van Haridvar, en dan nog met onze voeten in de heilige Ganges! Ons heilig moment was kapot en we wandelden weg.

Hindoe bedevaarders kunnen niet zomaar van een Panda weg wandelen. Panda's zijn brahmanen die in bedevaartplaatsen wonen en in erfelijke opvolging het recht hebben om pelgrims te begeleiden voor de riten die ze willen of moeten uitvoeren. Tegen betaling, en hoewel de pelgrim vrij is om te geven wat hij of zij wil is de psychologische en religieuze druk van de Panda niet te onderschatten. Zijn diensten zijn wel noodzakelijk, want vele pelgrims zouden anders verloren lopen. In elke bedevaartplaats zijn er honderden Panda's. Sommige zijn sterk gespecialiseerd in een of andere ritus, of een of ander schrijn of verhaal, anderen zijn gewoon 'gidsen' die de naïeve dorpelingen van de ene plek naar de andere loodsen en hun tekstje aframmelen. De goede Panda's hebben een fenomenaal geheugen voor gezichten en getallen. Ze herinneren zich de gezichten van de (voor)ouders van de pelgrims en de schenkingen die ze ooit hebben gedaan aan een bepaald schrijn. Het is voor niemand in Benares moeilijk om een bus uit Rajasthan te herkennen; de taal die de pelgrims spreken en enkele vragen zijn meestal voldoende voor een ervaren Panda om te weten van welk dorp ze zijn gekomen. Zelfs de kleuren van de sierlijke tulbanden van de voorouders zal de Panda nog weten te beschrijven. En "stel u voor wat uw vader hier geschonken heeft toen hij de 'bloemen' van de crematie van uw grootvader hier eerbiedig in Ganges stortte!". In vele gevallen wordt die informatie trouwens zorgvuldig in grote boeken bijgehouden.

Hindoe bedevaarders kunnen niet zomaar van een Panda weg wandelen. Het is niet alleen onbeleefd een Panda de rug toe te draaien; het kan ook dramatische gevolgen hebben, vooral als het voornaamste doel van je pelgrimage is de overblijfselen van een crematie in de rivier te storten. Soms zijn die 'bloemen' niet meer dan wat as in een rood zakje rond de hals gedragen, maar je mag ze maar storten als de Panda het passende gebed heeft gezegd. En dat in het Sanskriet! Wie zou het aandurven om de rust te storen van de geest van de overledene door een Panda voor de voeten te lopen? Elke bedevaarder uit elk Indisch dorp weet dat het de Panda is die de gepaste formules kent, en dat hij een brahmaan is. Meer dan tweeduizend jaar oud zijn de verhalen waarin verteld wordt wat er je kan overkomen als je een brahmaan beledigt. Nu en vooral later in de volgende geboorte kan je daar zeer zware gevolgen voor dragen. Zelfs een gesofisticeerde hindoe zal eerbiedig luisteren naar het gemurmel van de brahmaan die de laatste riten voor een overledene doet.

De Panda vraagt aan de bedevaarder zijn naam en de naam van zijn ouders, en de plaats waar hij vandaan komt. De pelgrim moet ook luidop de dag en datum in het jaar zeggen, en verklaren dat hij is gekomen voor de laatste riten van deze of gene overledene. Hij moet ook luidop laten horen dat hij verlangt dat zijn vader een rustige na-dood periode mag beleven als hij niet direct naar de hemel kan gaan. En dat al zijn zonden zouden mogen worden vergeven. Met een stijgende toon zoals bij een BBC journalist die een paarden-koers begeleidt, somt de Panda de plichten op van de nabestaande: "Voor de zielevrede van de overledene moet je graan schenken, en een koe, en kleren en keukengerei, en je moet een feest organizeren voor de brahmanen, en je moet vooral een schenking doen aan de Panda die je begeleidt".

De eerste geschenken kunnen misschien symbolisch zijn, het laatste zeker niet. De eerste geschenken moeten ooit wel ergens eens gegeven worden, het laatste wordt *nu* betaald, in cash. Maar zelfs op dit hei-lig moment kan er gesjacherd worden, en op vriendelijke manier wordt op het honorarium van de Panda afgedongen.

De dodenritus is niet de enige dienst die de Panda bewijst op een bedevaartplaats. Als een bus een pelgrimsoord nadert is hij de eerste die erop springt. Geen enkele chauffeur zal durven doorrijden als een Panda staat te liften. Alsof hij een grote gunst bewijst geeft hij suggesties over mogelijk logement als de pelgrims nog niet weten waar ze voor die nacht naar toe moeten. Hij zal ook heel ernstig opmerken dat het beter is eerst een ritueel bad te nemen in de rivier, of eerst een tas thee te drinken. Welke de openingsuren van bepaalde tempels zijn, en wat ze allemaal kunnen doen in de luttele dagen dat de pelgrims in een plaats kunnen doorbrengen: dat vernemen ze alle-maal van de Panda. Maar er is nog meer. Hij weet ook het best waar ze goedkoop de potten kunnen kopen die ze met Gangeswater moe-ten vullen om naar huis te nemen. En maak je vooral geen zorgen. Als tijdens een bepaald ritueel plots je pot blijkt verdwenen te zijn, zal die op het gepaste moment terugkeren, met je naam erin gegrift, en gevuld met Gangeswater 'van op een speciale plaats'. Daar zorgt dan een collega-Panda voor. Tegen een kleine vrijwillige vergoeding natuurlijk. 'Zie maar, de stop erop is speciaal van was voorzien zodat er niets kan lekken op de lange terugreis'.

Zelfs als de pelgrims blij zijn op een Panda beroep te kunnen doen, zullen ze meestal voldoende argwaan behouden om zich niet volledig te laten rollen. En tegelijk, als een Panda een echte zweer is, dan nog zal de pelgrim overtuigd blijven dat het vooral het ritueel is dat verdiensten oplevert, zelfs als een schurk van een Panda het uitvoert.

Als de pelgrimage niets te maken heeft met een ritueel voor een overledene, dan is een bedevaart door India meestal een zeer plezante aangelegenheid, te vergelijken met de trek van zoveel Noord-Europeanen naar het zonnige zuiden. In de meeste plaatsen kan er 'gezwommen' worden en vooral een kennismaking met de zee in Puri (golf van Bengalen) of in Dvarka (Arabische golf) is bijvoorbeeld voor een Rajasthani de ervaring van zijn of haar leven. Zwemmen in de zee betekent voor de meeste vrouwen alleen maar dat ze hun sari tot aan hun lenden laten nat worden.

In een plaats als Vrindaban — aan Krishna gewijd — kan je dan weer een 'goddelijk maal' van 56 gerechten nemen, duur maar onvergetelijk. Toen ik enkele jaren geleden eens aan dat *chappan bhog* middagmaal mocht deelnemen, was ik daarna alleen nog in staat om een siësta te nemen, en dat deden ook de brahmanen van de tempel die de rest hadden verorberd.

> Jij rijdt op de saffierblauwe bergen en
> draagt de maansteen als schoeisel en
> blaast de lange berghoorn
> O Shiva.
> Wanneer mag ik je drukken
> tegen mijn volronde borsten?
>
> O Heer wit als jasmijn,
> wanneer mag ik komen bij Jou
> en achterlaten
> de schaamte van mijn lichaam en
> de verlegenheid van mijn hart?

12. Aan de oever van de Ganges

"Zie je het daar? Natuurlijk niet, je kan het gewoon niet zien". Ik wist niet goed of de oude man mij aan het plagen was of gewoon te lange jaren in de volle zon had gezeten. Maar hij was erg overtuigd, hoewel hij toch moest toegeven dat ook hij het soms niet goed zag!

> "Benares staat in feite niet op de grond zoals jij denkt. Het hangt in de lucht, en staat op de punt van de drietand van Shiva. De steel van de drietand staat stevig op aarde geplant precies op de plek van de Vishvanath tempel (de gouden tempel). Eigenlijk staat de tempel op de centrale piek van de drietand van Shiva. De Kedar tempel in het zuiden wordt ondersteund door de zuidelijke piek, en de Omkareshvar tempel staat op de noordelijke piek. Nu kan ik het zeer goed zien. De stad schittert als goud, hoog in de lucht".

Dat zegt iedereen die het mocht meemaken: het zicht op Benares vroeg in de morgen in de zomer, rustig glijdend op een bootje is uniek. Eén schittering van gouden zonnestralen op de lichtgele zandsteen. (De meeste toeristen komen in de winter en hebben hun mystieke ervaring van Benares in de vroege ochtendmist). Als het oog probeert te zien wat het niet ziet, en zich inbeeldt dat inderdaad Benares de laatste stop is vóór de definitieve bevrijding, dan hangt deze stad inderdaad ergens in de lucht. De paleizen en tempels die in de laatste drie eeuwen op de oever van de Ganges zijn gebouwd bieden in de oranje morgenzon een zicht dat ook een verklaring kan zijn

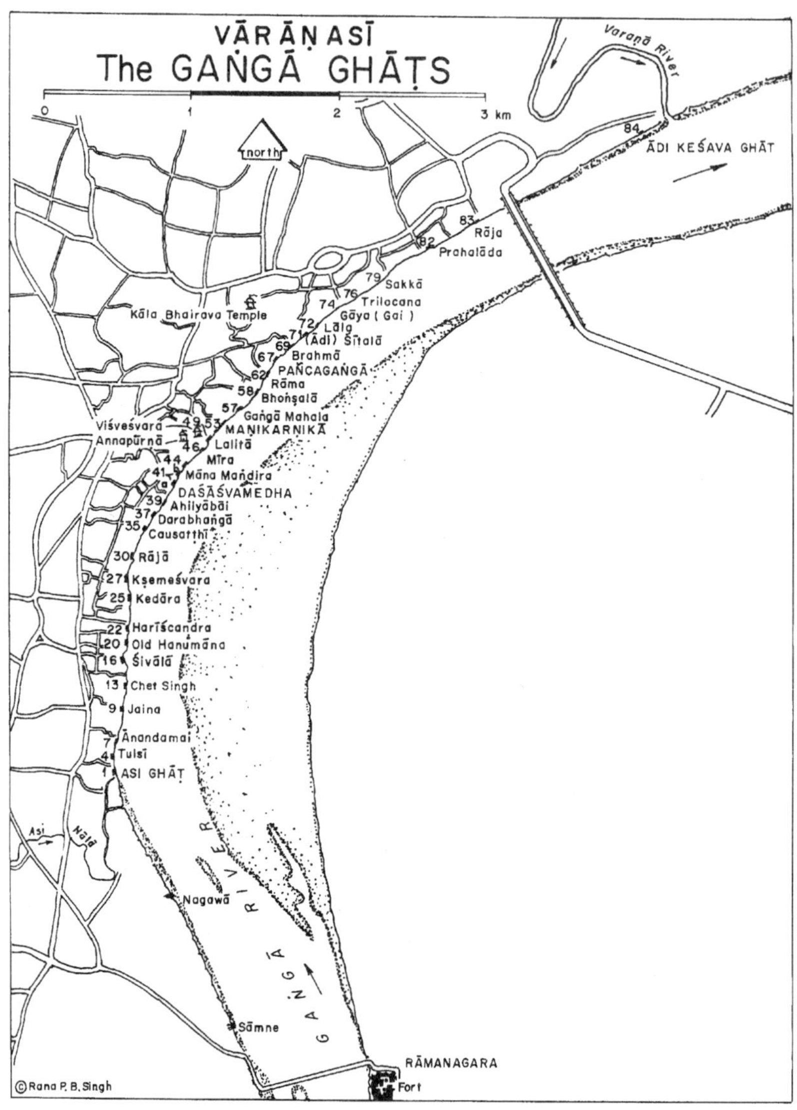

VĀRĀṆASĪ
The GAṄGĀ GHĀṬS
0 1 2 3 km
north
Varaṇā River
84
ĀDI KEŚAVA GHĀT
83
82 Rāja
Prahalāda
79 Sakkā
76 Trilocana
74 Gāya (Gai)
72 Lālg
71 (Ādi) Śītalā
69
67 Brahmā
62 PAÑCAGAṄGĀ
58 Rāma
Bhoṅṣalā
57 Gaṅgā Mahala
Viśveśvara 49 53 MAṆIKARṆIKĀ
Annapūrṇā 46 Lalitā
44 Mīra
41 Māna Maṅdira
39 DAŚĀŚVAMEDHA
37 Ahilyābāi
35 Darabhaṅgā
Causatthī
30 Rājā
27 Kṣemeśvara
25 Kedāra
22 Hariścandra
20 Old Hanumāna
16 Śivālā
13 Chet Singh
9 Jaina
7 Ānandamai
4 Tulsī
1 ASI GHĀṬ
Kāla Bhairava Temple
Asi Nadā
Nagawā
RIVER
GAṄGĀ
Sāmne
RĀMANAGARA
Fort
© Rana P. B. Singh

waarom Benares precies dáár is gebouwd: op een plaats waar de Ganges (die stroomafwaarts naar het oosten in Calcutta uitmondt) naar het noorden draait. Zo kijkt de gelovige op de linkeroever pal naar het oosten als de opstaande zon in de Ganges wordt weerspiegeld.

De sacrale rivieroever (*ghat*; *ghaat* uitgesproken) is meer dan 8 kilometer lang, en werd met stenen versterkt vanaf de jaren 1750. De meest recente 'gebouwde oever' is de *Raj ghat* vóór de Raidas tempel bij de Ramnagar bridge. De werken aan de *ghat* en aan de Raidas tempel werden enkele jaren geleden voor een groot deel gefinancierd door de regering van de deelstaat Uttar Pradesh (waarin Benares ligt). Raidas, een lagekaste wever en mysticus uit Benares (ca. 1550) heeft op het einde van deze eeuw ook een politieke taak: hij moet de zeer talrijke lagekaste bevolking op de juiste manier leren stemmen! Maar nu is de sponsoring voorbij en de tempel heeft geen grote toeloop van gelovigen: de modder die na elk regenseizoen op de trappen achterblijft wordt niet meer opgekuist.

Elke *ghat* heeft zijn eigen verhaal en zijn eigen mythe die de zeer oude oorsprong verhalen van de site en van de tempel die er bij staat. Sommige *ghat*s hebben een echt roerend en zeer bekend verhaal. Ik zal er enkele in dit kort overzicht vertellen.

Toeristen mogen niet vergeten dat Benares een zeer belangrijke plaats blijft voor gelovigen. Zij komen en nemen een ritueel bad, op verschillende plaatsen in de Ganges, om kwijtschelding te vinden voor hun zonden en verdiensten te verwerven voor dit en de volgende levens. Vooral vijf *ghat*s zijn van speciale krachten voorzien en verlenen bijzondere verdiensten. De pelgrim moet ze in deze orde bezoeken (zie kaart): 1, *Asi;* 41, *Dashashvamedh*; 84, *Adi Keshava;* 67, *Panch-ganga* en 53, *Manikarnika*. Als iemand in deze *vijf* plaatsen een ritueel bad neemt zal hij of zij nooit meer worden herboren in een lichaam dat uit de *vijf* elementen bestaat. Hij wordt één met Shiva-met-de-*vijf*-gezichten.

Met pijn in het hart vertelde me in 1996 Dr. Rana Singh van de Benares Hindu University dat de idyllische **Asi Ghat** (1) zijn charme aan het verliezen is omwille van de echt domme renovatiewerken. Niet alleen werd een 'easy toilet' vlakbij gebouwd en het zicht gestoord door cafeetjes die voor de toeristen worden gebouwd; in 1981 werd de loop van de Asi rivier veranderd, met als gevolg dat elk jaar tonnen modder op de oever achterblijven. Toch blijft dit mijn voorkeursplekje, misschien ook omdat de *ghat* ernaast geassocieerd wordt met Tulsidas (zie hoofdstuk 13) die wellicht de meest bekende religieuze dichter van Noord-India is. Als ik op **Tulsi ghat** onder een boom zit en mijn ogen sluit, is het niet moeilijk om te zien dat Tulsi daar zit in de frisse ochtenduren, en zoals Mozart met een hemelse gemak zijn verzen dicht en het verhaal van Ram en van Sita neerkrast. Of zong hij eerst de verzen, vóór hij ze neerschreef. Zo melodieus zijn ze. Zelfs een club van worstelaars — Benares is bekend voor zijn scholen voor worstelaars — in de buurt is naar Tulsi genaamd, hoewel ik me niet kan inbeelden dat hij zich met die zware oefeningen bezighield. Elk jaar in oktober wordt op *Tulsi ghat* een toneel over Krishna opgevoerd, waaraan geheel de buurt samenwerkt. Wie het verhaal van Kaliy kent zal begrijpen waarom er dicht bij het water dan een boom wordt geplant en op een bepaald moment van het toneel een jongen uit de boom in het water springt: hij moet als knaap Krishna de slang Kaliy onderwerpen. Zo redde Krishna de omgeving van Vrindaban van de totale vergiftiging, "zoals ook nu alleen een totale overgave aan God de planeet zal redden van de fatale pollutie".

Als we de rivier stroomafwaarts naar het noorden volgen komen we bij **Vaccharaja ghat**, die de geboorteplek van de jain profeet Suparshavanath zou zijn. Daar is ook de Jain *ghat* waar de jain bedevaarders in Benares rond samenkomen. Niet alleen hindoes komen dus naar Benares. Nog iets verder stroomafwaarts is **Mahanirvan ghat**. Volgens een legende zou de Boeddha hier een bad hebben genomen, toen hij in het naburige Sarnath vertoefde om er zijn eerste preek te geven, 2500 jaar geleden. Eeuwenoude religiositeit in één continuïteit tot aan het einde van de 20e eeuw.

Harischandra ghat (22). Meer dan een dozijn plaatsen in Benares zijn verbonden met het roerende verhaal van de (legendarische) koning Harischandra. Al zijn bezittingen had hij als ritueel geschenk gegeven aan een brahmaan. Schenken (vooral aan brahmanen) is niet alleen een oeroude traditie in India: het is ook een belangrijke aangelegenheid in Benares (zie verder hoofdstuk 17). Toen de brahmaan verklaarde dat hij voor de kroningsritus van de koning nog een bijkomend geschenk verlangde, had de koning echt niets meer om te geven. Hij wilde echter zijn verplichting aan de brahmaan nakomen en reisde naar Benares. Hij verkocht zijn koningin en zijn zoon als slaven en begon zelf als knecht te werken op de crematiegrond. Het karig salaris van deze diensten werd door de brahmaan gretig aangenomen. Op zekere dag kwam de koningin naar de crematiegrond, met het lijk van hun zoon die door een slang was gebeten. (De Panda in Benares zal je stilletjes de plek tonen waar de jongen door een slang werd verrast). Dit was ook de ultieme test van de koning en alles eindigde goed: de goden gaven hem grote beloningen voor zijn 'eerbied voor de brahmaan'. Omwille van dit verhaal verkiezen sommigen om op de *Harischandra ghat* te worden gecremeerd, en niet op de meer populaire *Manikarnika ghat* iets verder stroomafwaarts. Die *Manikarnika ghat* heeft nochtans een diepere, symbolische betekenis omwille van de aanwezigheid van de plaats 'waar Vishnoe de schepping tot stand bracht' (zie hoofdstuk 5). Bij de *Harischandra ghat* is recentelijk ook een electrisch crematorium gebouwd.

De meeste bezoekers die voor de eerste keer naar de Ganges komen in Benares, belanden bij de **Dashashvamedh ghat** (41). Daar, aan de rechterkant staat het kleine, maar zeer populaire tempeltje van Shitala Devi, de godin van de pokken. Niemand zal nalaten om daar eventjes te offeren. De stenen constructie van deze *ghat* zou meer dan 250 jaar oud zijn. Pas getrouwde koppeltjes nemen graag een ritueel bad op deze *ghat*, vooraleer ze naar de Shitala tempel gaan. Nooit heb ik deze tempel zonder bezoekers gezien, maar het is vooral op elke achtste dag van de wassende maan dat de pelgrims hier aanschuiven.

De oudste en meest druk bezochte *ghat* in Benares is ongetwijfeld de *Dashashvamedh ghat*. Niemand minder dan Brahma zelf bracht hier het Tien-Paardenoffer (*dash-ashva-medh*). Je weet wel: in de vedische tijden werd een paard voor één jaar door een koning losgelaten en het gebied dat door het paard werd doorkruist, werd door de koning ingepalmd. Het paard werd dan ritueel geslacht terwijl de koning vruchtbaarheid afsmeekte door te masturberen. Ongehoorde verdiensten kon de koning zodoende verwerven. Hier werden tien dergelijke offers georganiseerd! Historisch zou een dergelijk offer door een hindoekoning in de jaren 200 na Christus zijn georganiseerd. Maar er is meer! De Panda vertelt je dat het op deze eigenste plek is dat Brahma 'de Schepper' van het universum twee Lingams plaatste ter ere van Shiva. En Hij vond de plaats zo aantrekkelijk dat Hij besloot ook voor altijd in Benares te blijven. Ik schreef het hoger reeds: het gehele universum, alle hindoegoden zijn in Benares aanwezig. En je moet daarbij nog weten dat de uitzonderlijke verdiensten door een koning verworven die een Paardenoffer organiseerde, ook jouw deel kunnen zijn, als je in *Dashashvamedh ghat* een ritueel bad neemt. Dit zou ook de eerste *ghat* zijn die in steen werd gebouwd, in 1302, een jaar dat blijkbaar niet alleen in Vlaanderen een magische betekenis heeft.

Ook hier is er meer dan het oog kan zien. Tot ongeveer het jaar 1850 was de straat die nu naar de *Dashashvamedh ghat* leidt een grote beek, die tijdens het regenseizoen diende voor het overtollige water van een meer dat in de stad lag. De beek heette 'Godaulia' beek en dat werd geïnterpreteerd als Godavari. Elke pelgrim weet dat dit een zeer belangrijke heilige rivier is in centraal India en dat het zeer gunstig is daar een ritueel bad te nemen. Wie dus in Benares, aan de *Dashashvamedh ghat* een bad neemt, krijgt niet alleen de verdiensten van een bad in de Ganges, maar ook die van een bad in de samenvloeiing van de Ganges en de Godavari rivieren! Je moet niet meer naar de Godavari reizen, zeggen dus de Panda's in Benares.

Er is nog meer. Op de tempeltoren juist ten noorden van de *Dashashvamedh ghat* kan je lezen: **Prayag ghat**. Prayag is de oude benaming voor de stad Allahabad, 120 kilometer stroomopwaarts. Prayag wordt de 'koning van de heilige plaatsen' genoemd, want de stad ligt op de samenvloeiing van drie heilige rivieren: de Ganges, de Yamuna en de 'mythologische' (niet zichtbare) Sarasvati. Nu zijn al de verdiensten van een bad op die zo heilige plek ook hier in Benares beschikbaar, als je hier een bad neemt. De gehele, maar dan ook eens de gehele kosmos in een dopenot, dat vind je in Benares. Het is vooral op de tiende dag van de wassende maan in mei-juni dat grote massa's mensen voor een bad komen naar de *Dashashvamedh ghat.*

In hoofdstuk 3 heb ik al geschreven over de diepe betekenis van de **Manikarnika ghat** (53), de grote crematieplaats waar tegelijk ook de schepping plaats vond door Vishnoe (en waar Shiva zijn oorring, *mani-karnika,* verloor). Het is een feit dat op deze plaats Shiva zelf de *tarak-mantra* of 'gebed om aan de overkant te geraken' in het oor fluistert van de overledenen die hier worden gecremeerd. Aan de overkant geraken van de 'oceaan van terugkeer in een ander lichaam' is het streven van elke (gelovige) hindoe. *Manikarnika ghat* is meestal de laatste *ghat* bezocht door toeristen en pelgrims.

Alleen die pelgrims die geobsedeerd zijn om nu echt alle vijf heilige *ghat*s te bezoeken, volgen vanaf hier de rivier verder stroomafwaarts (in noordelijke richting). Over ongeveer één kilometer passeren zij 14 genoemde *ghat*s, waarvan sommige, waar de moslims wonen, slechts modderoevers zijn. Dan komen ze bij de **Panch-ganga ghat** (67), 'waar de vijf Ganges' samenkomen. Hier vereert de pelgrim vooral de rivier Ganges zelf, en de (ingebeelde) bijrivieren die symbolisch zijn voor al de heilige rivieren in India. Het is een prachtig zicht, op de vollemaan nacht van oktober-november, wanneer honderden lichtjes worden aangestoken en geplaatst in de gaatjes van een toren die op de *ghat* staat. Maar ook op gewone dagen is dit een majestatische *ghat*. Hier stond weleer een machtige tempel, aan Vishnoe gewijd. Tussen de twaalfde en de zestiende eeuwen werd de tempel verscheidene keren verwoest. Tenslotte maakte de mogol keizer Aurangzeb (einde 17e eeuw) hem met de grond gelijk en bouwde er de grootse Alamgiri moskee. Tot in de 19e eeuw had deze moskee nog vier grote minaretten, maar het zicht vanuit de rivier blijft indrukwekkend. Alleen de buitenste steenlaag van de moskee is uit elegant versierde zandsteen, de inwendige struktuur is van baksteen. Een moslim struktuur die we hier zouden kunnen zien als een reuze-symbool van religieuze coëxistentie in hindoe Benares, maar de werkelijkheid is anders. Het is voor velen een doorn in het vlees!

Nog drie kilometer verder stroomafwaarts moet je wandelen, — gedeeltelijk langs de rivier en voorbij de brug bij het Kashi station ook door de grote eigendom van de Krishnamurti Foundation —, om bij de 84e *ghat* aan te komen: **Adi-Keshav ghat**. Het is waarschijnlijk de oudste site in Benares, maar weinig mensen komen hier nog. In januari 1996 ben ik de heilige stad eens binnengekomen van hieruit, per boot, en het is een bijna tedere ervaring. Benares is een idyllisch aangename plaats als je van hieruit begint. Geen auto's, geen overvolle straten. Alleen de rustige rivier en de bucolische setting van de *Adi-Keshav ghat* en de Krishnamurti Foundation. Alleen de rustige rivier en het pletsen van de roeispanen. Het is in deze omgeving, zegt de Panda, dat Vishnoe (Adi-Keshav) zijn voeten plaatste toen hij in de stad van Shiva belandde. Als Hij hier een bad heeft genomen, dan is het ook voor elke pelgrim heel verdienstelijk hier een bad te nemen. Geheel de stad komt hier wel voorbijgevloeid!

Van hieruit ook kan je te voet verder stappen naar Sarnath en de grote drukte van de straten vermijden.

13. Shiva, een ware toegewijde van Ram!

Nee, dit is geen tikfout. U hebt goed gelezen. De Grote Heer van de Lingam en van de dans wordt voorgesteld als de ideale toegewijde van Ram, die zelf de 'neerdaling' of incarnatie is van de god Vishnoe! En het staat beschreven in een van de meest populaire en literair hoogstaande werken uit de Indiase literatuur: de *Ram-charitmanas* van Tulsidas (ca. 1532-1623). Zijn meesterwerk zong en schreef hij op de Tulsi *ghat*, (zie blz. 76) in 1574, toen de mogol keizer Akbar India regeerde vanuit Fatehpur Sikri. Voor tientallen miljoenen Indiërs, — of ze nu kunnen lezen of niet —, is hij de meest populaire dichter in Noord-India. Deze populariteit is te wijten aan het uitzonderlijke literaire genie van Tulsi, maar heeft ook te maken met de vroegste wortels van de hindoecultuur.

Tulsidas zong en schreef in het Avadhi; dit is de taal die in de streek van Benares courant was in zijn tijd. Hij her-taalde de Zwerftochten van Ram, het *Ramayan*epos dat door de dichter Valmiki in het Sanskriet samengesteld was rond 200 vóór Christus. Vergelijkbaar met het wondere werk van Homeros van enkele eeuwen vroeger in Griekenland, schiep Valmiki zijn episch meesterwerk. Rondtrekkende barden hadden wellicht eeuwenlang de verhalen gezongen die met Ram worden geassocieerd. Van een minimale kern is het verhaal tot een waar epos uitgegroeid in de handen van Valmiki. Het succes van het *Ramayan*epos en de grote populariteit van Valmiki (en Tulsidas later) is voor een groot deel ook te wijten aan de charme van het verhaal zelf, dat ik als volgt kan samenvatten:

> "Er was eens een prins in Ayodhya, en zijn naam was Ram. Hij was de oudste en meest populaire van de vier zonen van koning Dashrath, die drie koninginnen had. Maar door een list van zijn stiefmoeder Kaikeyi die de troon wilde voor haar eigen zoon, Bharat, werd Ram naar de bossen verbannen voor een periode van veertien jaar. Hij ging in ballingschap, samen met zijn vrouw Sita, en één van zijn broers, Lakshman. Terwijl ze in de bossen rondzwierven werd Sita gekidnapt door een demon, Ravan. Na veel avonturen kon Ram uiteindelijk zijn vrouw bevrijden. Daarin werd hij geholpen door vrienden en bondgenoten, o.a. de apen van Hanuman. Ram doodde Ravan en keerde in vrede terug naar Ayodhya waar zijn broer Bharat hem installeerde als koning. Hij regeerde voor vele jaren en zijn rijk werd een voorbeeld van een ideale samenleving.

Gebruik makend van de levendigheid van het episch verhaal heeft het literaire genie van Valmiki een figuur geschapen met uitzonderlijk hoge morele kwaliteiten. Dit ideaal werd een belangrijke basis voor de hindoe ethica, en daarom blijft het *Ramayan* verhaal zo nauw verbonden met de Indische ziel. Later werd Ram verheven tot Neerdaling van de god Vishnoe, maar in het werk van Valmiki is hij het voorbeeld van deugd: groot belang van het geestelijke, heiligheid van het huwelijk, eerbied voor een gedane belofte, plichtsbesef, liefde voor de waarheid en zelfbeheersing, huiselijke waarden, geloof in de zin van het leven als een ultieme overwinning van het goede over het kwade, enzovoort. Idealen die zonder probleem in een epos kunnen voorkomen, maar tegelijk op de maatschappij een grote invloed uitoefenen. Dit alles werd door Valmiki meesterlijk verwerkt in een prachtig kunstwerk. Mensen luisterden naar dit verhaal 'ook om er beter door te worden'.

Meer dan duizend jaar later herschiep Tulsidas dit werk in de Avadhi taal van Benares. Eén punt kreeg een bijzondere nadruk: de devotie tot de god Ram is de enige weg tot bevrijding. Tulsidas, in de 16e eeuw, voelde aan dat gewone mensen sterk onder de indruk waren van de yoga praktijken die overal werden gedemonstreerd, maar slechts door weinigen konden worden nagebootst. Sekten allerhande probeerden mensen te lokken, maar Tulsidas wist dat alleen een degelijk ideaal de samenleving kon schragen. Dit ideaal vond hij in Ram en daarom herspon hij het verhaal. Hoewel hij van zichzelf zei dat hij geen dichter was en niet met woorden kon omgaan, zijn heel wat verzen van zijn hand letterlijk spreekwoorden geworden.

Het was dus *in* de stad van Shiva, Benares, dat Tulsidas de grootheid van Ram, incarnatie van Vishnoe, bezong. "Vereer Shiva als Heer van het universum, maar vergeet niet dat Hij een toegewijde is van Ram!", was zijn boodschap. Wat voor ons een onbegrijpelijke contradictie mag lijken, verdwijnt in de emotie van de verzen van Tulsidas, zoals zout in water. Het gedicht zelf, de *Ram-charitmanas,* is ongeveer 500 gedrukte bladzijden lang. Maar als Benares nu het bastion is van de verering van Shiva, hoe verkoop je er het verhaal van Ram, en van Vishnoe?

Dit is niet moeilijk, beweerde Tulsidas. "Het was Shiva zelf die dit verhaal heeft verteld, en langs enkele middelaars heb ik het ook gehoord. Nu zing ik het dus voor jullie", zegt hij aan het begin van hoofdstuk 1 van de *Ram-charitmanas*! Zo eenvoudig steekt het in mekaar. Op deze manier slaagt de hindoetraditie erin om naast elkaar lopende religieuze stromingen in mekaar te doen opgaan. Het zijn verschillende benaderingen van het goddelijke, met verschillende namen, maar ze glijden gemakkelijk in mekaar. Was dat ook niet de beproefde manier, door de eeuwen heen, om bestaande riten en religieuze praktijken op het Indiase continent tot een groot geheel te doen samensmelten?

De *Ram-charitmanas* van Tulsidas wordt ook besloten met een opmerking van Shiva aan het adres van zijn 'vrouw' Parvati. Daarin geeft Shiva als het ware de samenvatting van al de hoogstaande deugden die in het verhaal van Ram worden aangeprezen:

"Gezegend is dit land waar de Ganges vloeit,
gezegend is de vrouw die haar man trouw blijft,
gezegend is de koning die een voorbeeld van correct gedrag is,
gezegend de brahmanen die deugdzaam leven,
gezegend de rijkdom in liefdadigheid geschonken,
gezegend het verstand dat op deugd gegrondvest is,
gezegend de tijd die bij heiligen wordt doorgebracht,

gezegend het leven in dienst van de brahmanen.

Oh Parvati, gezegend en heilig en
roemrijk in geheel de wereld
is die familie
waarin een nederige man wordt geboren
die volledig aan Ram is toegewijd".

Zo sprak Shiva.

14. "Zo zijn wij in Benares"

Philip Lutgendorf

En daarmee vertaal ik de titel '*Banarsiness*' van een hoofdstuk[9] dat zo fijn de geest van Benares typeert dat ik het zelf niet beter kan schrijven.

"In de twintig jaren vóór mijn field-research periode (1982-1984) groeide Benares van een stadje met ongeveer vijfhonderdduizend inwoners tot een omvangrijk complex van één miljoen of meer. Weinig echte moeite werd gedaan om het plan van de verouderde stadsgedeelten aan te passen om de steeds groeiende bevolking te huisvesten. Hoewel er aan drie kanten nieuwe woonwijken ontstonden, was de omvang van de groei niet voorzien en nam de druk op het reeds overbelaste stadsverkeer alleen maar toe. Hetzelfde gebeurde met de waterdistributie, de electriciteit en de riolering. Ook ontstond er een bijzonder ernstige crisis door het lozen van kolossaal veel rioolvuil in de Ganges, die de bron van watervoorziening is in de stad, haar voornaamste badgelegenheid en haar inherente belichaming van het goddelijke. Vroeger, toen de stad nog minder bevolkt was, werd de vervuiling van de rivier op laag peil gehouden door het gebruik van meer traditionele afvoermethodes (bijvoorbeeld, het dagelijks

---

[9] Philip Lutgendorf, *The life of a text. Performing the Ramcaritmanas of Tulsidas*, University of California Press, 1991, blz. 43-46 passim. Ik ben mijn vriend Professor Lutgendorf, University of Iowa en zijn uitgever heel dankbaar voor de toelating om dit en het volgende hoofdstuk uit zijn boek te mogen overnemen.

transport van de nachtvervuiling naar de naburige velden). Maar met de komst van het doorspoel-sanitair en het aansluiten op het afvoernet van de afval, bleef de ecologische ramp niet uit. Het hoge aantal maag- en darmaandoeningen en de rijzende kindersterfte in de streek, zijn er de droevige gevolgen van.

Benares staat zeker niet alleen op het gebied van problemen met verontreiniging, hoewel de vertrouwelijke verhouding van haar bewoners met de rivier, het voornaamste symbool van deze stad, het probleem sterk benadrukt. De recente overbevolking van de binnenstad, en de gevolgen op het gebied van verkeersproblemen (in de spitsuren is het echt soms onmogelijk, zelfs te voet, om een stap vooruit te zetten, om steeds toenemend lawaai en de pollutie niet te vernoemen) zijn typische verschijnselen voor de steden van India in het algemeen. Het feit dat, ondanks al die problemen, Benares haar magnetische aantrekkingskracht op hindoe India blijft uitoefenen en een boegbeeld blijft voor de trotse geloofskracht van haar inwoners, doet ons afvragen: "Waarom is deze stad nu zo bijzonder?" Meestal zal men als verklaring krijgen: *"Banarsipan"*, een toespeling op de typische ethos van de stad, een samensmelting van spiritualiteit én wereldse bevrediging, van heilige ontzegging én materiële voldoening.

"Banarsipan" schijnt tot uiting te komen in een zorgeloze levensstijl met hoedanigheden zoals 'passie', 'genieten', 'vreugde' en het naleven van 'hartstochtelijke verbintenissen', vooral op het gebied van godsdienstige en culturele activiteiten. Fijn opgevoede hindoebewoners van Benares zinspelen dikwijls op de unieke cultuur of beschaving van de stad (*samskriti*), — een woord dat voor de lezer in het westen beelden oproept van universiteiten, musea, bibliotheken en concertgebouwen. Deze 'gebouwen' bestaan ook wel in Benares, — meestal in een min of meer bouwvallige staat —, maar 'cultuur', en het eigenlijke specifieke begrip ervan ter plaatse, kan beter begrepen worden in termen van kleinere, minder gecentralizeerde eenheden: plaatselijke tempels die oratoria en zang programma's organiseren; verenigingen van handelaars die buurtkermissen sponsoren; volkse clubs, die vertoningen geven van nauwgezette *puja* rituelen, vergezeld door stoeten en muziek; families die financiële steun geven aan wedstrijden voor poëzie of zangfestivals ter ere van de verjaardag van het

overlijden van een vereerde voorganger; stokoude *pandits* die in nauwe vertrekken in erbarmelijke zijstraatjes leven, maar met Sanskriet en Hindi teksten van een gehele boekenkast in hun hoofd rondlopen; dans- en muziekscholen, geleid door bekende goeroes; arbeiders uit het platteland, die op straathoeken samenkomen om er, urenlang, hun dorpsliederen te zingen.

De jaarlijkse cyclus van festiviteiten in de stad is ingewikkeld; de kringloop van culturele optredens valt bovendien niet te katalogizeren. Gedurende een bijzonder druk weekeinde in october 1983 bijvoorbeeld, waren er ongeveer veertig verschillende *Ramlila* 'toneel' vertoningen tegelijkertijd in een aantal buurten, samen met een dertigtal (moslim) Muharram processies en meer dan honderd nauwgezette Durga Puja taferelen, opgezet door Bengaalse culturele verenigingen. Daarnaast was er nog het gewone assortiment volksspelen, nachtconcerten, jaarlijkse tempelfestivals, worstelwedstrijden en semipublieke evenementen, zoals trouwfeesten met orkesten, stoeten, vuurwerk, enzovoort.

Dergelijke gebeurtenissen zijn voor én bezoekers én inwoners van Benares een compensatie voor een aantal ongemakken in het dagelijkse leven van de Lichtstad, — voor het feit dat winkels, scholen en kantoren zelden op tijd open zijn, hun werking onregelmatig is, en dat ze soms dichtgaan zonder te verwittigen; voor het feit dat water- en electriciteitsvoorziening de mensen geregeld in de steek laat en dat de telefoon meer dood blijkt dan levend. Maar indien culturele programma's een reden tot leven in Benares betekenen, kunnen zij ook het leven helpen moeilijk maken. Als de ambtenaar waarmee men een afspraak heeft nog niet is komen opdagen om tien uur 's morgens (of zich ter plaatse bevindt, maar niet werkt) is het mogelijk dat hij de gehele nacht wakker was voor een *Ramlila* vertoning, een tempel festival of een volkstoneel. Waar anders ter wereld zouden duizenden mensen geregeld een maand vrij nemen op het werk om, elk jaar opnieuw, het alles in beslag nemende *Ramlila* festival van Ramnagar bij te wonen? Zoiets gebeurt alleen in Benares.

Het woord *Banarsipan* doet denken aan muziek en ceremonie, dans en versiering. Het roept ook een beeld op van tempels en brahmanen; ook koeien maken deel uit van de plaatselijke 'cultuur', evenveel als de wanklanken van gongs, klokken, en kinkhoorns die om vier uur 's morgens de goden wakker maken met het luide 'Har Har Mahadev!'-geroep (twee namen voor Shiva).

Het ethos van Benares manifesteert zich in een soort zelfverzekerd cynisme, een cultuur die tegelijk genietend én buiten deze wereld is, haar omgeving tegelijk kleineert én blijk geeft van een intense fierheid erover. Dikwijls hoort men klachten over "onze erbarmelijke deelstaat Uttar Pradesh, waar iedereen arm is, de gezagsvoerders corrupt zijn en niets werkt zoals het zou moeten". Maar tegelijk wordt men dan weer teruggefloten met: "Kijk, vriend, dit is Kashi ! Het Centrum van de Wereld, of liever, helemaal niet van deze wereld, aangezien het in evenwicht wordt gehouden op de spits van de drietand van Shiva! Iedereen die hier leeft of sterft, — of zij nu godsdienstig zijn of niet, hindoes, moslims, christenen, tot zelfs (vertelde me iemand) vliegen en muggen — krijgen gegarandeerd bevrijding van hergeboorte door de genade van Shiva en de kracht van de naam Ram".

Deze overvloed aan spirituele weelde wordt zelf dan weer een bron van verbale humor, bijvoorbeeld als riksjajongens lachend mekaar begroeten met een: 'He guru-ji! He mahatmaji!' (Hei daar, goeroe! Hei, Grote ziel!).

Iedereen weet dat Benares de Stad van Shiva is, die er vereerd wordt onder verschillende vormen en met vele namen, zoals: Rudra en Bhairav, de angstwekkende gezagsvoerders van spoken en geesten; of als de transcendente en schitterende Mahadev van de Poerans, waar Hij de echtgenoot is van Parvati en de vader van Ganesh, met zijn drietand, zijn halsband in de vorm van een slang, en lange gevlochten krullen waaruit de rivier Ganges voortvloeit. Ook is hij een doder van duivels die de wereld bedreigen, en een danser die de toon van de eeuwigheid op zijn dubbele trom ritmeert.

Hij is tevens de Bhola Nath van de folklore — de 'gekke' of de 'dwaze' god — verdoofd door goddelijke wijsheid en *bhang* (een mengsel van cannabis, zeer populair in Benares!); een zwervende asceet die ook een bron is overvloeiend van erotische energie en vruchtbaarheid. Want de Shiva van Benares is vooral Vishvanath — de Heer van de Schepping —, die al die dingen tegelijk is. Ook is Hij een

gladde, donkere steen, ongeveer zo groot als het ei van een struisvo-
gel, rechtop staande in een met goud bekleed gat in het hartje van de
bekendste tempel van de stad, midden in een doolhof van smalle,
overdrukke stegen langs de oevers van de rivier.

In gewone taal staat deze god ook liefelijk bekend als 'Baba Vishvanath' — of Papa Vishvanath —, de goedaardige en vaderlijke heer-
ser en opperste leraar van de stad, die bevrijdende *mahamantra's*
spreekt voor allen die komen sterven binnen zijn territorium.

15. "Shiva *is* de aap-god Hanuman"!

Philip Lutgendorf[10]

Hanuman: aap, held van de geschiedenis van de *Ramayan*, zeer trouwe toegewijde van Ram, en zelf ook als god vereerd...

"Zijn met vermiljoen beschilderde beelden zijn overal in Benares te zien. Hanuman is een god die zeker zijn oorsprong vond in de 'gewone' volkse traditie. Hij verleent kracht en potentie. In zijn capaciteit van zegevierend generaal van Ram is hij de god die patroon is van de worstelaars, — de jonge mannen die aan body-building doen en martiale kunsten beoefenen in gymnasiums of clubhuizen die zich langs de '*ghats*' bevinden, en waarvan de meeste ook een schrijn van Hanuman hebben. Hanuman is tevens de patroon van de grammatici en van de studenten, vurig aanroepen vóór de jaarlijkse examens, of als men problemen ondervindt in het algemeen. Hij is de god naar wie men zich wendt op 'gevaarlijke' dagen, zoals dinsdag en zaterdag bijvoorbeeld, die verbonden zijn met kwaadaardige planetaire invloeden. In dit verband treedt hij vooral op als een bemiddelaar, een tussenpersoon.

In oostelijk Uttar Pradesh weet iedereen wat het betekent 'connecties' te hebben. Ik heb verklaringen gehoord waarbij men lachend beweerde dat er meer tempels aan Hanuman gewijd waren in Benares dan aan Ram zelf. Dit is goed mogelijk en misschien nog wel logisch

---

[10] *Op.cit.*, blz. 47-51.

ook. Want, zoals iedere Uttar Pradesh politicus weet, is de sleutel tot het oor van de 'Grote Meneer' bij 'de juiste persoon' in zijn entourage. Die tussenpersoon moet je kennen. Indien Ram, in zijn eindeloze perfectie, soms ver weg en onbereikbaar blijkt, is zijn aap-dienaar wel degelijk van deze aarde, en bereikbaar. Het feit dat Hanuman ook goddelijk is en, zoals alle goden, ingeroepen kan worden in de meest verheven woorden — "oceaan van wijsheid en deugd" en "licht van de drie werelden" —, verdoezelt nooit volledig de realiteit dat hij tenslotte ook een aap is, of eerder een god in de gedaante van een aap. Verhalen over de 'daden' van Hanuman leveren meestal grappige episodes, die het gevolg zijn van zijn 'apen-eenvoud', zijn ruwe kracht en af en toe ook zijn vernielzucht. Hindoes kunnen daar eens goed mee lachen en vinden dat niet tegenstrijdig met hun eerbied voor hem.

Verder moet men dit nog melden in verband met Hanuman. Een hoofdthema in het epische verhaal van Tulsidas is de compatibiliteit van de Ram/Vishnoe verering met die van Shiva. Ook in deze sfeer speelt Hanuman de rol van tussenpersoon. Hij 'overbrugt' de twee tradities, bijvoorbeeld als hij over de zee springt die het vaste land scheidt van Lanka. Daar verblijven de kidnapper Ravan en zijn trawanten die, zoals de meeste Poeranische duivels, navolgers zijn van Shiva! Men beweert, in de *Ramcharitmanas* van Tulsidas, (geschreven in Benares, laat ons dat niet vergeten) dat, toen Ram geboren werd, "alle goden de vorm aannamen van apen" en in de bossen op Ram gingen wachten om hem bij te staan in zijn strijd tegen Ravan, de duivel die Sita kidnapte.

Een vrij algemeen aangenomen traditie in de streek van Benares wil dat Shiva zelf in Hanuman veranderde! Hanuman is dus niets anders dan een metamorfose van Shiva. Deze Shiva is de voornaamste kenner van de avonturen van Ram en treedt niet enkel op in het verhaal van Tulsi als de oorspronkelijke verteller, maar zelf ook als één van de meest geliefde personages: Hanuman!

Eén schrijn verdient onze bijzondere aandacht: de *Sankat Mochan* (of 'Bevrijder van angst') Hanuman Tempel, die zich aan de zuidkant van de stad bevindt, *buiten* de traditionele grenzen van de heilige zone. Al is de tempel veel minder oud dan de Vishvanath ('gouden') tempel, is hij nu toch misschien bijna even populair en trekt gelovigen aan van over geheel de stad en ver daarbuiten. De meeste structuren van het *Sankat Mochan* complex werden in de laatste paar decennia opgericht, maar het hoofdschrijn bevat een stenen beeld van Hanuman, nu nauwelijks te zien onder de vele lagen vermiljoen. Men zegt dat het dateert uit de tijd toen Tulsidas leefde. Het beeld wordt geassocieerd met een zeer belangrijke episode in de legenden over de dichter.

Hanuman heeft lichamelijke onsterfelijkheid. Immers, zo beweert men, Ram heeft hem de gunst verleend dat hij in zijn lichaam zou blijven "zolang mijn geschiedenis in de wereld wordt verteld". De omstandigheden van de zegen suggereren een bijzondere associatie met de traditie van de vertellingen, want er wordt ook gezegd dat Hanuman nooit moe wordt van het eindeloos vertellen van de verhalen van zijn heer. Daarom is hij ook de speciale patroon van allen die verbale uitleg geven. En nu nog gelooft men sterk dat Hanuman aanwezig is (al is het meestal vermomd) telkens als de *Ramcharitmanas* van Tulsidas in toneelvorm wordt opgevoerd. Een zeer bekende legende vertelt over de ontmoeting van Tulsidas met de aap-god Hanuman.

> Men beweert dat Tulsidas zich gewoonlijk terugtrok voor zijn morgenabluties op een plaats in de bossen juist buiten Benares, en dat hij dan een potje bij had om water te scheppen. Op de weg terug naar de stad goot hij steeds het overblijvende water aan de voet van een bepaalde boom. Toevallig was deze boom ook de woonplaats van een geest, die zeer blij was met het dagelijkse wateroffer. Geesten lijden immers altijd dorst en zijn dankbaar voor zelfs 'onrein' water. Op een dag verscheen de geest aan de dichter, dankte hem voor zijn bestendig dienstbetoon, en bood hem aan een wens te doen. Tulsidas antwoordde dat de grote droom van zijn leven was Ram eens te mogen aanschouwen. "Dat is nu meer dan ik aankan", zei de geest, "maar waarom vraag je niet aan Hanuman dit voor mekaar te krijgen? Hij komt elke dag naar Benares terwijl jij je verzen van Ram reciteert. Hij is vermomd, maar je kan hem herkennen aan het feit dat hij altijd de eerste is om aan te komen en de laatste is om te vertrekken".
>
> Die avond, terwijl Tulsidas op de *ghat* zat aan de Ganges om zijn episch gedicht over Ram reciteren en uit te leggen, bemerkte hij dat de

eerste luisteraar die aankwam een oude melaatse was, die zichzelf onopvallend op de achtergrond hield. Toen de lectuur voorbij was volgde Tulsidas stilletjes de oude man, die hem buiten de stad vóórging naar een dicht beplant gedeelte van het bos, — precies daar waar de Sankat Mochan tempel nu staat. Daar viel Tulsi voor de voeten van de melaatse neer, prees hem als Hanuman en vroeg hem om zijn zegen. "Ik weet wie u bent. Help mij. Ik wil Ram aanschouwen!". Eerst deed de oude man verveeld en beweerde dat hij er niets van verstond. "Ga weg, je bent gek! Waarom plaag je een oude zieke man?". Maar de dichter bleef de voeten van de melaatse vastklemmen en tenslotte openbaarde de grote aap-god Hanuman zich in al zijn glorie.

> Zijn lichaam straalde als goud
> overweldigend
> als een tweede Meru
> de wereldberg.

Hanuman zegende Tulsidas en beval hem naar Chitrakut te gaan, waar Ram zijn schuilplaats had in het woud. Daar zou hij de fel verlangde glimp van Ram opvangen.

Tulsidas drukte later zijn dankbaarheid uit door het beeld van Hanuman te laten oprichten op de plek waar de god aan hem verschenen was, daar waar we nu de Sankat Mochan tempel vinden, in een wildernis van bamboe en zeer hoge bomen, en natuurlijk vol kwetterende apen."

16. Gesprek met Dr. Bhanushank Mehta

Het is gewoon verkeerd, en dikwijls een teken van domheid en arrogantie, met wit-zwart verklaringen voor de dag te komen over het westen, of over India. Ik heb gemerkt dat de industrie van toerisme bezoekers van het ene viersterren hotel naar het andere voert, in Delhi, Agra, Khajuraho, en in Benares. Vele vierster toeristen zijn trouwens niet voorbereid voor Benares, geestelijk of cultureel en na vijf dagen India bereiken ze de stad, met een vergenoegd gevoel van westerse superioriteit. Meer dan één keert terug met de nog diepere overtuiging dat India aan het einde van Kaliyug is (het 'vierde tijdperk' van totaal verval), en dat de westerse cultuur en spiritualiteit ver de bovenhand hebben. Nogal veel mensen in het westen voelen zich goed bij dit gevoelen van superioriteit.

Maar als we de tafels omdraaien en iemand uit Benares aan het woord laten; een dokter die het westen bezocht en het heeft over 'zijn' Benares, dan krijgen we een ander beeld. Ik laat dit interview drukken niet om een debat te openen — "hij heeft het verkeerd voor hier, of hij overdrijft daar" —, maar om de deur op een kier te zetten en een andere manier van kijken binnen te laten.

Met Dr. Bhanushank Mehta, een zeer gerespecteerde bewoner van Benares, die pas terug was na een bezoek aan de Verenigde Staten had Robert een lang en stimulerend gesprek. Jammer genoeg moest ik het inkorten, omwille van plaatsgebrek.

R.: Als een vreemdeling in Benares aankomt blijft de eerste indruk scherp in het geheugen. Had u ook een dergelijk gevoelen als u terug kwam uit de Verenigde Staten?

B.: Ja, men kan zeggen dat het precies een terugkeer is naar de hel! In de Verenigde Staten is alles proper, 'te' proper. De mensen hebben zelfs geen natuurlijk weerstandsvermogen meer, want het water, het eten, alles is er te proper. Hier zijn we ergens gedegenereerd, zoals wij leven in al die vuiligheid. Dáár leeft iedereen in een eigen cel van isolatie. Hier, als ik begin te roepen, zullen al mijn buren zich naar buiten haasten om mij bij te staan. Daar zeggen ze allemaal "Hi"; maar niemand kent je. Je kan steendood vallen op je kamer zonder dat ook maar één mens het weet.

R.: Naar Benares komen was een schok voor mij; niet enkel de eerste keer maar ook de volgende keren. Neem nu de gewoonte hier bijvoorbeeld om bomen te aanbidden.
Is dat niet wat eigenaardig?

B.: Nee, helemaal niet. Zoiets is een zeer oude traditie in India. Niet zolang geleden heeft men ook in het westen de nood ingezien om dat te doen. Daar hebben ze er een slogan voor: "red het milieu". Waarom aanbidden wij de grote *banyan*boom? Omdat hij veel weg heeft van ons leven als mens. Hij leeft en groeit maar door. Als wij ervoor staan en bidden vragen wij om een lang leven en een grote familie; wij vragen diepgaande wortels. Wij wisten niets over de chemische weldaden die bomen meebrengen. Maar we staan te bidden omdat er een sterke band is tussen mens en boom.

R.: Is dat de reden waarom ik die vrouwen daar rond een boom zie wandelen?

B.: Inderdaad. Ze lopen rond de boom en knopen er draden aan, terwijl ze voor hun familie bidden. Familiebanden zijn zeer sterk in onze traditie en ik zie een groot gevaar dat het ook bij ons begint af te brokkelen. Kijk eens naar de ellende van kinderen in het westen waar er zoveel echtscheidingen zijn. Volgens het christendom is het huwelijk eeuwig. Maar ik merk dat bitter weinig mensen leven volgens de christelijke waarden. Vele hindoes zijn misschien betere christenen dan zij! Wij volgen alle aanwijzingen van Christus. Wij houden van Christus. Ik heb het leven van Christus gelezen; en er is niets dat Christus heeft gezegd waar ik niet in geloof. Eén voorbeeld: "Bemin uw naaste", staat er geschreven. Ik bemerkte in de Verenigde Staten dat honderden mensen naast mekaar leefden en mekaar niet kenden. Is het dan voldoende naar de mis te lopen, op zondag?

R.: Wat betekent het een hindoe genoemd te worden?

B.: We worden hindoes genoemd omdat we voorbij de rivier Indus leven. Die naam werd door de Grieken in hindoe veranderd. Eigenlijk zijn christenen, moslims, iedereen die hier leeft, hindoe! Je moet weten dat er alleen in India 'moslims' zijn. In Pakistan worden zij Pakistanen, in Saoedi-Arabië, Arabieren genoemd. Hier worden ze moslims genoemd. Waarom? Dit etiket wordt steeds meer een probleem.

R.: Maar in Nederland worden ze toch ook moslims genoemd!

B.: Ja, misschien wel. Maar zou iemand daar beweren dat ze geen Nederlanders zijn? Hier worden ze moslims genoemd. Het is verkeerd te worden genoemd volgens uw godsdienst. Wij zijn hindoes, niet als een gevolg van onze godsdienst, maar omdat, zoals gezegd, we voorbij de rivier Indus leven. In India zijn er duizenden godsdiensten, alle tezamen gevloeid, met verlies van de eigen identiteit. Vele sekten hier hebben een verschillende oorsprong. Honderden tradities stroomden India binnen en allemaal hadden ze een eigen idee: "Welk soort god heeft u?", vroegen de mensen mekaar. Het antwoord was bijvoorbeeld: "Mijn god heeft het hoofd van een leeuw". Een idee dat dus behouden werd. "Welk soort god is de uwe?". "Mijn god is een vis, ... een schildpad", en zo meer en wij bewaarden ze allemaal op de lijst van 'belichamingen' van het goddelijke. Wij namen dus honderden rituelen, godsdienstoefeningen en filosofieën over.

Allemaal tezamen in één hindoe levensstijl. Hindoeïsme op zichzelf bestaat eigenlijk niet. 'Godsdienst' is een christelijke en een islamitische idee. Wij hebben het meer over *sampradaya*s of culten. Vinoba schreef een boek over de Koran, duidelijk aanwijzend dat alles wat er in de Koran wordt gezegd reeds in de Oepanishaden stond. Dus waar is eigenlijk het verschil? Ik heb geen wrok tegen christenen of moslims. Wij zijn niet zo ver weg van islam of van het christendom als we onze Vedanta of het Vaishnavisme volgen. Shaivisme is iets verschillend, maar we vechten niet. Ik vereer Shiva, maar ik ga ook naar Krishna feesten! Ik vind ook devotie in Christus. Maria met het Jezus kind op de arm is precies Yashoda met de kleine Krishna.

R.: Zegt u me eens: hoeveel goden zijn er in het hindoeïsme eigenlijk?

B.: Er waren er 330 miljoen. Nu zijn er 800 miljoen. En hun aantal groeit voort.

R.: Wat betekent dat?

B.: Het betekent dat uw god, mijn god, de god van mijn gebuur, allemaal verschillend zijn. Iedere mens heeft een andere god. Iedereen heeft een andere geest. Dus kan het begrip 'god' ook niet steeds hetzelfde zijn. Als er zoveel verschil is onder de mensen, waarom dan wil je dat iedereen een volgeling zou worden van Christus, of dat iedereen Allah zou vereren? Binnen het christendom zelf zijn er honderden kerken en groepen, elk met een eigen begrip van Christus. Als wij een gelofte afleggen zeggen wij: "In de naam van mijn god, in de naam van de god van de stad, in de naam van de god van het land, in de naam van de god van de wereld, maak ik deze plechtige gelofte". *'Ishtadevta'* of 'mijn god', komt eerst. Mijn Ram verschilt van de Ram die mijn gebuur heeft. Wij spreken er niet over. Elk van ons heeft zijn geheime god. Daar bevindt zich onze geheime bidplaats.

R.: Wat is nu die fameuze filosofie van de mensen in Benares?

B.: Dat is een gemakkelijke vraag! Genieten is de belangrijkste activiteit van het leven. Wij hebben het allemaal wel over hergeboorte, maar niemand weet het zeker. Daarom: geniet ! Een beetje genieten, natuurlijk, en niet op de manier door de westerse economie gepromoveerd: "hoe meer kopen hoe meer genieten". Ik zeg: "Heer God, geef me een handvol rijst, een fles water van de Ganges. Ik slaap op een steen aan de oever van de Ganges. Ik ga naar de tempel voor 'darshan' [of 'zien'] van een god. Wat hoef ik meer? Vishvanath is daar, de Ganges is daar. Dat is het genieten dat we hier kennen met de naam 'masti'. Maar ik vrees dat ook deze filosofie vlug aan het verdwijnen is bij de nieuwe generatie!

R.: Maar u slaapt wel niet op een steen, aan de oever van de Ganges!

B.: Nee. Maar ik bedoel dat ik niet smacht naar meer, naar voortdurend de laatste nieuwigheid. Daar komt geen einde aan, het gaat maar verder en verder. En het geeft niet de minste voldoening. Hoeveel komen er hier eigenlijk niet vanuit het westen, en zeggen: "Wij hebben veel geld, maar we zijn ontevreden"? Dat is wat de mensen zoeken in Benares: tevredenheid.

R.: Ook op mijn leeftijd zie ik niet altijd in welke zin het leven eigenlijk heeft. Hoe kan je verwachten dat jonge mensen hun doel in het leven zouden vaststellen?

B.: Het is eenvoudig: wees tevreden met wat het leven je aan te bieden heeft, en geniet ervan. Denk niet aan steeds meer. Wat zijn wij eigenlijk? Een ego, ja, maar ook een niemendal in een groot heelal. Ja, ik ben er zeker van dat ik zal leven, en de dood maakt me niet bang. Ook weet ik dat na het tijdperk van verval waarin we nu leven er terug een tijdperk van licht komt. Ik probeer te leven volgens de tijdsverdeling van God.
Benares is zeer oud. Maar de levensstroom werd niet afgebroken. De volledige geschiedenis van de mensheid is hier te vinden, met al zijn tijdperken. Er zijn karren die door ossen worden voortgesleept en er zijn jet vliegtuigen. Primitieve geneeskunde en ultramoderne

chirurgie. Onderwijsmethodes van vroeger en moderne universiteiten en 'convent schools'. Alle soorten architectuur. Het leven in elke vorm, in volle actie. Allemaal hier. Verouderde mentaliteiten en nieuwe. Maar met de invloed van het westen zijn ook hier ontevredenheid en hebzucht aan het groeien.

17. *Dan.*
Je moet nu eenmaal geven!

Vele welmenende christenen in het westen zijn ervan overtuigd dat ze het superieure monopolie in liefdadigheid en vrijgevigheid hebben. Met alle eerbied voor zoveel goed bedoelde schenkingen durf ik beweren dat de hindoetraditie ook een zeer diep gewortelde geschiedenis van geven bezit, welke ook de motivaties mogen wezen. Eens waren we op de steile weg die klimt naar Mount Abu in Rajasthan — en eenzelfde ervaring hadden we ook eens op weg naar Dharmshala — en plots stopt onze brahmaanse chauffeur op een parking. Hij loopt een winkeltje binnen, koopt twee verse broden en deelt gul de sneden uit aan de apen langs de weg. De apen daar in de buurt zijn goed gevoed en kunnen kiezen tussen brood en noten, hen gegeven door pelgrims. We rijden verder, verschillende tempels voorbij en de chauffeur stopt er niet, terwijl velen dat wel doen. Ik vraag hem waarom hij de apen voedt: "Je moet nu eenmaal geven", zegt hij, "ik geef niet aan de priesters in de tempels; die zijn al dik genoeg. Ik kan dus even goed iets uitdelen aan de apen. Zij beschermen mijn bus op deze gevaarlijke weg. Wat het ook zij: je moet nu eenmaal geven!".

Op de avond van onze aankomst in Benares in 1996 worden we verrast door een hevige dondervlaag. De storm zet het station van Kashi onder water en aangezien we te voet zijn vinden we een onderkomen in een centrale van de elektriciteitsmaatschappij van Benares. Dikke knoppen en kabels, misschien wel een halve eeuw oud. Als de bliksem zou inslaan, begon ik me af te vragen, zijn we hier toch niet echt veilig!

De regen blijft neerstromen en ik vraag aan de verantwoordelijke of die regen, die eerder ongewoon is voor januari, lang zal blijven duren. "Hoe kan je dat weten? Regen is een *gave* van God!". En hij blijft rustig verder staren in het kaarslicht.

De volgende dag zitten we op een houten platform onder een honderdjarige parasol bij de *Dashashvamedh ghat*, vier meters weg van het water. Het begint langzaam te schemeren. Vijfentwintig pelgrims zijn net gearriveerd en gaan uit de kleren voor het rituele bad. Totaal onbekommerd, niemand let op hen, zij letten op niemand. Ik concentreer me op een brahmaan die zit te prediken, terwijl drie kinderen worden kaalgeschoren. Ze zijn verschrikkelijk aan het huilen, soms schreeuwen ze. Bloed staat te zien op hun kale hoofdjes. Hoe pijnlijk moet dat wel zijn, — en ik ril als ik aan de hygiëne denk. (Hoewel ik het decennia lang graag heb laten doen, raadt mijn vrouw me nu aan niet meer langs de straat in India mijn haren te laten knippen. Bang voor aids.) Ik offer een bloem en een lichtje aan de Ganges en probeer me smal genoeg te maken om op het platform met de brahmaan te kunnen praten. Zijn naam is Vishvanath *maharaj*, of 'zeer vereerde Heer van het heelal'. Vishvanath is eigenlijk de naam van Shiva zelf! De brahmaan 'werkt' als sinds dertig jaar op dit platform. Zijn vader bezette dit platform vóór hem en betaalde toen een deel van zijn inkomsten aan de maharadja van Benares. Nu gaat het aandeel naar de Indiase regering. Het wordt opgehaald door Mr. Kanhaiyalal, die 'toezicht' heeft op de platforms van deze oever.

Als het kaal scheren over is, wordt er gemarchandeerd tussen de jonge moeder en de barbier. Zij vallen akkoord op een gezamenlijke prijs voor de drie kinderen samen. Zie ik een briefje van tien roepies van handen veranderen, in de duisternis? Maar zodra het scheren over is houdt ook het prediken van Vishvanath op. Met een barbier kan men marchanderen, maar niet met een brahmaan! Hij wordt zonder mopperen betaald en de 'klanten' gaan weg.

Ons uitwisselen van beleefdheden verandert vlug in een gemoedelijk gesprek. "Het zijn niet de pelgrims die iets geven", zegt hij, "zij komen en gaan. *De Ganges geeft*. Altijd".

Op zijn platform legt Vishvanath *maharaj* uit wat hij eigenlijk predikt aan de pelgrims en hoe hij daarbij voortdurend citeert uit de heilige schriften: daarin wordt de lof gezongen van Benares, hoe zeer oud de stad is en wat het betekent als je iets kan *geven* in de heiligste der steden. Ik ben het met hem eens. Hoewel ik het tien minuutjes daarvóór bijna weer aan de stok kreeg met een Panda die zich stevig tussen mij en de rivier kwam planten, terwijl ik mijn bloem probeerde te offeren aan de Ganges. De Panda was er blijven op wijzen dat mijn offerande nutteloos was, tenzij ik ook iets aan hem zou *geven*. Terwijl ik pijn begin te krijgen in mijn poging om ook met gekruiste benen naast Vishvanathji op het platform te zitten, merk ik dat hij blijft spreken op precies dezelfde wijze waarop hij bezig was tegen de pelgrims, en dat hij steeds hetzelfde herhaalt. Een automatisme, terwijl zijn gedachten afdwaalden naar minder etherische sferen? Als ik wegga vraagt ook hij me voor een *dakshina* of gift. Ik antwoord dat een brahmaan niets mag aanvaarden van een collega — aangezien ik Sanskriet doceer ben ik in feite van zijn niveau! Hij glimlacht en knipoogt. Ik besluit dat de Ganges hem maar iets moet geven.

Vijftien minuten lang had ik geschertst met iets zeer ernstigs in Benares. Iets schenken aan een brahmaan heeft te maken met het reproduceren van de sociale en kosmische order. De traditie wil, — en de brahmanen op de platforms op de *ghat*s van de Ganges herhalen dit maar al te graag —, dat *geven* de pelgrims helpt om zich van hun zonden te ontdoen. Door te geven verkrijgen de pelgrims terug hun plaats in de kosmische orde. Zelfs op een houten platform krijgt men een diep inzicht in de essentie van het hindoeïsme, en in feite van elke godsdienst: zuiver je ziel, herstel de orde in je eigen hart en zodoende breng je ook een kosmische orde tot stand. Ook al maakt de Panda zich meer zorgen over eigen financiële winst, toch wil de traditie dat hij deel uitmaakt van een kosmische transactie telkens als hij een gift ontvangt. Telkens als er een gift overhandigd wordt, zijn er trillingen waargenomen op kosmisch peil! Is Vishvanath op zijn platform zich van die buitentijdse orde bewust wanneer hij zegt dat het de "Ganges is die geeft"?

We mogen niet vergeten dat een brahmaan geen volledige vrijheid geniet. Schenkingen zijn niet uitsluitend voor hem bestemd, ze hebben een veelzijdige betekenis. Indien een brahmaan een schenking voor zichzelf houdt kan hij niet enkel wegrotten met melaatsheid en helse pijnen lijden. Hij brengt ook onheil en zonde aan de onschuldige schenker. Schenkingen, — *dan* —, hebben een zuiverende werking op kosmisch niveau. Indien je die zuiverende kanalen gaat versperren door de gave voor jezelf te houden staat je een straf te wachten. Dit staat bijzonder goed uitgelegd in het hoofdstuk over *Dan,* dat ik met toelating vertaal uit J. Parry & M. Bloch, *Money & the morality of exchange,* Cambridge University Press, 1989, blz. 66-77. *Dan* is schenking, gift.

"Ondanks de reputatie van de brahmanen heeft de *dan*-ideologie te maken met 'puur geven'. Het is een vrijwillige en onbaatzuchtige schenking, zonder uiterlijk vertoon of met de hoop om iets terug te krijgen op materieel of op een ander gebied. Niet de minste wedergunst of geschenk kan aangenomen worden zonder dat de schenking haar verdienste verliest. Zelfs het verlangen naar beloning in het hiernamaals is verdacht, zodat, enigszins paradoxaal, de volledige verdienste enkel blijvend is voor de schenker die geeft zonder zelfs aan geestelijk voordeel te denken. Onafgezien van de onthechting van de gever is de graad van verdienste afhankelijk van zijn of haar mogelijkheden, — de kleinigheid van de weduwe is theoretisch even goed als de met juwelen bedekte schatten van de prins.

Ondanks hun spreekwoordelijke hebzucht, of misschien juist daarom, spreken de brahmanen bijna geobsedeerd over het morele gevaar dat het ontvangen van *dan* voor hen meebrengt. Sommige giften zijn zeker gevaarlijker dan andere. Vooral geladen zijn bijvoorbeeld de schenkingen gemaakt om boze invloeden van de planeten te weren; of schenkingen die worden gedaan ten gunste van een kwaadaardige geest (*pret*; zie hoofdstuk 4) en voor zijn metamorfose tot een goedaardige voorouder (*pitar*). Maar *dan* is altijd gevaarlijk, en alle priesters zijn gecompromitteerd door het aanvaarden ervan.

"Een goede *dan* bestaat niet", beweren ze. "Het is allemaal vuil. Wie het aanvaardt verbrandt zijn vingers". In dat opzicht is het van weinig belang of de schenking in natura gebeurt of in cash. *Dan* komt dikwijls voor in de vorm van geld, al is dat dikwijls een substituut voor materiële goederen die ermee bedoeld zijn: een koe, een bed, kleren, enzovoort. Meestal zijn dergelijke betalingen slechts een klein onderdeel van het doel waarvoor ze bestemd zijn. Vijf roepies zijn een 'schenking voor een koe', terwijl een echte koe veel meer zal kosten. Rijke pelgrims en rouwende familieleden zijn soms geneigd om de goederen zelf te leveren in plaats van een geldsom. Die worden dan in een winkel gekocht, of gekocht uit de eigen voorraden van de brahmaan zelf. Anders gezegd, een koe (of wat het ook weze) kan door de brahmaan worden 'verkocht' aan de pelgrim, en dan door de pelgrim als *dan* worden teruggegeven. Zo kan dezelfde koe een paar honderd keer aan dezelfde brahmaan worden 'geschonken'. Dit lokt wel kommentaar uit over de 'gedegenereerde tijden', maar toch verwelkomen de priesters zelf graag deze regeling. Immers, ze verkiezen cash, aangezien de goederen die worden gegeven niet zelden overbodig zijn, of van slechte kwaliteit en soms moeilijk kunnen verkocht worden voor een redelijke prijs. Inderdaad: de huizen van sommige Panda's hebben de muffe geur van bouwvallige warenhuizen vol aftandse bedden, kookgerei, regenschermen en andere huishoudspullen.

Het belangrijkste punt hier is dat, vanuit een moreel standpunt, er weinig te kiezen valt tussen schenkingen in cash of in natura. Schenkingen betekenen altijd 'inherent kwaad' en gevaar. De reden is dat ze de zonden van de schenker meenemen en doorgeven aan de priester die ze ontvangt. Deze wordt dan vergeleken met een riool waarin de morele afval van de schenkers vloeit. In een ideale wereld zou hij zeker de *dan* weten te 'verteren' en de zonde doen oplossen door speciale riten, met dagelijkse herhaling van mantra's, het volbrengen van nauwgezette boetedoening en, vooral, door nog meer weg te geven dan werd ontvangen onder de vorm van *dan*. In de praktijk is dat allemaal echter onmogelijk. Buiten het onoverkomelijke feit dat priesters zich niet kunnen veroorloven veel van hun ontvangsten weg te geven indien ze willen leven, zullen de meesten toch eerlijk bekennen dat ze te weinig weten over de juiste rituele procedures, en noch de tijd noch de middelen hebben indien ze die wel zouden kennen. Als resultaat zien ze zichzelf eindeloos zonden opstapelen. De riool verandert in een beerput!

De gevolgen van *dan* die niet kunnen worden 'verteerd' zijn niet te onderschatten: de priester krijgt melaatsheid en rot weg; hij sterft een vroege en gruwelijke dood, terwijl hij zijn uitwerpsels braakt. Het verstand van de priester wordt zwak, zijn lichaam krijgt een steeds donkerder kleur; zijn houding verliest postuur bij elke *dan* die hij ontvangt. Daarna wacht de hel met haar folteringen. Zijn kinderen erven zijn zonden en een slecht karakter, en de nakomelingen sterven na twee of drie generaties uit. De zonde kruipt ook onder het haar (en daarom is het ook nodig kaal geschoren te worden bij rituele plechtigheden) en het lichaam kan zeer moeilijk gecremeerd worden. Toen het lijk van de Eerste minister van Bihar naar de voornaamste crematie *ghat* in Benares werd gebracht, in maart 1983, brandde het met de grootste moeite, ondanks de hoge brandstapel en de massa's *ghee* en hars die erop gegooid werden: allemaal het resultaat, zegden mijn vrienden, van de enorme zondenlast die hij door zijn corruptie op zich had gestapeld.

Zonde overvloeiend in *dan* wordt een biologisch en moreel fenomeen, dat zich op zeer voelbare en materiële wijze uitdrukt. Het is iets dat van de ene persoon naar de andere kan gaan. Het zit 'in het geld' dat aangeboden wordt onder de vorm van *dan*. Je kan geven en een gave aannemen, maar het probleem ligt in het elimineren van de gave en van de zonde. Het is evident dus dat het veiligste is het geschenk gewoon door te geven.

De gevaren zijn niet alleen aan de kant van de ontvanger. *Dan* kan enkel worden overhandigd aan een brahmaan van onberispelijk karakter, want — tenminste in theorie, (of priesterlijke theorie!) — de gever is verantwoordelijk voor de zonden die begaan worden met zijn geld. De gever is verantwoordelijk ook al kan hij onmogelijk weten hoe zijn schenking wordt besteed!

De notie dat de gever medeverantwoordelijk is voor het misbruik van zijn schenking zou hem moeten doen nadenken, want het is bijna evident dat zijn geld zal verkeerd gebruikt worden. Ik hoorde een priester eens verklaren, dat al het geld aanvaard in *dan* gedurende de grote bedevaart van Benares vlug uitgegeven wordt in het betalen van advokaten, doktors en prostituées. Het schijnt in alle geval vast te staan dat het geld nooit voordelen meebrengt op lange termijn. Indien de ideale theorie werd toegepast zou het voortdurend en vlug doorgegeven worden, en nergens lang genoeg blijven om in investeringen vastgelegd te worden.

Het is wel een feit dat een aantal priesterlijke families er toch in geslaagd zijn om de rijkdom ontvangen uit *dan* te investeren in welvarende, commerciële ondernemingen van eerder aardse aard. Maar naast één bloeiende onderneming gaan er ook massa's ten onder — als bewijs van de theorie dat het geld zelf onvruchtbaar blijft!

In mijn onderzoek heb ik voldoende aanwijzingen verzameld om te kunnen stellen dat de 'stank' van zonde inderdaad blijft kleven aan dergelijk geld, ook wanneer het in een andere transactiesfeer terechtkomt. Ik heb bijvoorbeeld horen zeggen dat een business gestart met een interest-vrije lening van een bevriende of verwante priester nooit werkelijk begint te bloeien tot al het geld is terugbetaald. En daar was een bediende die 'boete-geld' aannam van een priester, als bedankje voor een bureaucratische gunst, en nu alleen nog miserie en ziekte verkoopt. Maar dat betekent niet dat de kruidenier waarbij de priester zijn voorraden haalt veel zal piekeren over de betaling, of twee keer zal nadenken waar het geld vandaan komt. Voor de priester zijn de waren die hij met dergelijk geld koopt zeker besmet. Want de zonde blijft inherent aan de goederen die voor *dan*-geld worden geruild.

Hoewel er in de praktijk heel wat pogingen worden gedaan om een *dan* af te pingelen, toch blijft *dan* een schenking, en is het geen betaling voor de diensten van de priesters. Een betaling is iets anders en heet *dakshina*".

18. "Ik heb in Benares gewoond"

(Isabelle Bermijn)[11]

Toen ik voor de eerste keer in Benares arriveerde was ik studente aan de Delhi universiteit. Het was liefde op het eerste gezicht. Eén jaar later, in oktober, stapte ik van de trein in Benares om me een jaar lang onder te dompelen in de heiligste der steden. Al mijn Indische vrienden — die nooit in Benares ware geweest! — waarschuwden me: "Ga daar niet naar toe. Het is verschrikkelijk, het is er smerig". Ze waren fout. Tot nu toe is dit jaar het mooiste in mijn leven geweest. Ik heb hier zo intens geleefd dat ik het niet kan beschrijven voor mensen die hier nooit geweest zijn. De band die ons bindt schept ook een speciale relatie tussen de buitenlanders hier. Zelfs na twee jaar, als we naar mekaar schrijven of mekaar ontmoeten, spreken we over niets anders dan Benares. Zelfs voor mensen die jarenlang het hindoeïsme hebben bestudeerd is het soms moeilijk om te begrijpen wat er nu zo speciaal is aan Benares. Een stad vol paradoxen en contrasten die zich niet zomaar in een bakje laat klasseren.

Ik hou van Benares omwille van de openheid en oprechtheid van de mensen die hier wonen. Dit lijkt misschien contradictorisch, want 'heilige' steden' hebben wel eens de neiging om conservatief te zijn. Mensen in Benares zijn bijzonder realistisch, wellicht omdat Benares de enige stad is in India waar nu eens echt geen taboe is over de

---

[11] Isabelle Bermijn heeft indologie gestuurd aan de KULeuven en in SOAS, London en was voor verdere studie in 1992 en opnieuw in 1996-97 in Benares.

dood. Het zal ook niemand verbazen dat je hier zo enorm veel bejaarde mensen ziet. Velen wonen hier jarenlang vóór ze sterven. Het leven in Benares is echt zonder stress, van welke aard ook. Ik heb de indruk dat veel van die bejaarden hier veel gelukkiger zijn dan in hun thuis ergens in India, waar ze misschien het gevoel hadden overbodig en vervelend te zijn. Sommigen onder hen worden wel knettergek, terwijl ze wachten op de dood. Alles mag hier, alles kan. In *Kachauri gali* kwam ik elke dag een oude man tegen die erop aandrong om mij te zegenen, en dan een muntje te vragen (een *anna,* die al lang uit de circulatie is). Gek of niet, oude mensen zijn hier een aanvaard deel van het straatbeeld.

In Benares wordt de dood gezien als een voortzetting van het leven. Waarom zou je dan treuren? Westerlingen voelen zich soms gechoqueerd als ze hier een rouwstoet zien. Zo publiek, zonder enig taboe. Het lijk wordt in een doek gewikkeld en gewoon op enkele bamboestokken gesjord; hotsend en botsend zeilt het lijk door de straten. In de nauwe stegen ga je gewoon eventjes opzij als een lijk voorbij glijdt. Boven op een jeep ziet het er nog meer bizar uit: de lijkwade flappert gewoon in de wind. De 'rouwenden' die in de jeep zitten, als sardientjes bij mekaar, zien er meer als schurken uit die een mummie hebben gestolen.

Soms is er niemand die rouwt, niemand om het lijk naar de Ganges te brengen. Dan wordt het op een riksja gebonden, en de riksjaman kent zijn weg wel naar het electrisch crematorium op *Harischandra ghat.* Het kan ook wel eens gebeuren dat een half verbrand lijk op de rivier meedrijft. Geen enkele pelgrim die een ritueel bad neemt schijnt zich daaraan te storen. Ze doen gewoon verder kopje onder en drinken het Gangeswater. De Ganges is als een liefhebbende moeder voor hen. De heiligste rivier op aarde. Wat doet één lijk meer of minder?

De meest eigenaardige ervaring die ik had bij de rivier was toen een sadhoe ('heilige') werd gecremeerd. Sadhoe's, zegt men, zijn totaal uitgezuiverd. Het lijk wordt in een open kist geplaatst en zo in de rivier neergelaten. Als het zinkt in het water wordt er veel kabaal gemaakt, alsof een beeld van een godheid ritueel in het water wordt neergelaten (zoals na het Dassahra feest in oktober).

Velen vinden dit alles nogal ruw, zelfs wreed, maar het is een dagelijkse aangelegenheid in deze stad van leven en dood. Voor mij was het een verfrissende kijk op het leven. Waar ik wel last mee had was de wreedheid voor dieren. Dat had me overal in India gestoord en misschien had ik iets beter verwacht in Benares. Het was niet beter. De koe en de kraai zijn de gelukkigste dieren. Al de andere viervoeters zijn pure ellende. Honden zijn miserabel. Iedereen, maar ook iedereen geeft ze een stamp. Ze zitten vol vieze ziekten; sommigen hebben slechts hier en daar een stukje huid, andere zijn gekwetst of manken. Waarom? Is dat het gevolg van hun slecht *karma*, dat ze zo een ellendig bestaan moeten meemaken? Hetzelfde geldt voor de paardjes die de karren trekken. De 'koetsiers' schijnen niet te weten dat er een correlatie is tussen de zorg voor je paard en de goede dienst van je paard. Ze roepen maar, 'en er is nog plaats!', terwijl ze meer en meer mensen opladen. Veel meer dan het arme paardje blijkbaar kan torsen. Ik vond het ook vreemd dat oude mensen altijd neerhurken op de 'vloer' van het paardekarretje, de jongeren vechten voor de zetels en de kinderen hangen ergens aan de buitenkant.

Benares is de stad waar de koe in triomf leeft. Zij heeft haar vaste plaats in de maatschappij. Koeien in Benares zijn niet alleen heilig, ze zijn ook bijzonder talrijk. Een koe in Benares is een dier dat fel verschilt van haar collega's in het westen. Hier heeft de koe een persoonlijkheid. Een koe die bij een bepaald huis hoort heeft haar eigen territorium. Bij de studentenhome waar ik logeerde was er een koe, 'onze' koe: een prachtdier met lange poten, die altijd aan het snuffelen was tussen de afval die mensen over het tuinmuurtje op straat gooien. Elke morgen deed ze een ereronde, en kreeg overal een *chappati*. (Het is een traditie in elke brahmaanse familie dat de eerste *chappati* voor de koe is). Niemand scheen er trouwens een probleem mee te hebben als de koe voor haar *chappati* vriendelijk het huis binnenstapte. Als ze in onze weg stond konden we haar alleen maar teder aanspreken en proberen voorbij te glijden. Roepen of slaan zou haar trouwens toch niet bewegen.

Eén contrast dat me jarenlang bleef verbazen was de subtiele maar opvallende combinatie van sacraliteit en reinheid enerzijds, en de eindeloze smerigheid anderzijds. Je kan van de stad houden, maar je kan nooit naast het vuil kijken. Hoe kan zoveel publiek vuil verzoend worden met de strenge reinheidsvoorschriften? Als westerling moet je jouw eigen notie van wat vuil is totaal vergeten als je ziet hoe de afval op straat arriveert, de koestront alle stegen siert en de betelnoot overal uitgespuwd wordt. Anders loop je vol afkeer weg. In het westen is het een waar taboe de afval in het publiek te etaleren. In Benares is het een deel van de werkelijkheid, evenveel als de lijken die naar de crematiegrond worden gebracht, en de bejaarden en de gekken.

Elke morgen gooi je gewoon de afval op straat. De koeien komen eerst langs en nemen wat hen past. Dan komen de kraaien die meer in detail gaan en dan komen de voddenmannen. Na enkele uren komt de straatveger of straatveegster en schuift de resten op een hoop. Reinheid en heiligheid bestaan binnenshuis, niet in het publiek.

Benares is een fascinerende stad als je genoeg tijd kan verliezen. Vel alsjeblieft geen oordeel als je maar enkele nachten kan slapen hier. Ook maar één boottochtje op de Ganges laat bij de bezoeker indrukken na die onuitwisbaar zijn. Wat is het dan, stel je voor, als je hier een jaar lang kan blijven? Leven in deze heilige hindoestad heeft mij ongetwijfeld veranderd. Leven in Europa ziet er zo eentonig uit als je hier een tijdje hebt verbleven. Zelfs tijdens de spitsuren in het westen is het er nooit zo druk en chaotisch als hier in Benares. Een kokende pot van al wat kan bewegen, met of zonder stinkende motor. Waarom toch durf ik stellen dat ik echt *savoir vivre* geleerd heb tijdens mijn jaar in de heiligste en smerigste stad van India?

De helft van de dag
ween ik voor jou,
de andere helft
ben ik smoorverliefd.

Ik lig hier
ziek smachtend naar jou,
dag en nacht,

o Heer wit als jasmijn.

Sinds de dag dat uw liefde
in mij werd geplant
heb ik vergeten wat
honger is,
of dorst,
of slaap.

19. "Benares zit vol dieven"

Dit is natuurlijk niet mijn uitspraak, maar wordt door mensen in Benares en ook door velen daarbuiten wel eens gezegd. Al de superlatieven over Benares kunnen de lezer en de bezoeker misleiden als ik ook niet schrijf over 'het andere Benares'. De titel van dit hoofdstuk is ontleend aan een boek van Hemchandra uit de 12e eeuw, *Kumar charit.* In zijn interessant boekje, *Where cultural symbols meet,* analizeert Dr. Rana P.B. Singh de literatuur van de laatste vijf eeuwen en geeft hij een kort overzicht van de opinies over Benares daarin. Heel selectief haal ik slechts enkele citaten uit dat werk om te tonen hoe velen in India denken over het andere Benares. Hindi is nu de nationale taal van India, maar de taal op zichzelf is amper twee eeuwen oud. Een belangrijke pionier in de ontwikkeling en het standaardiseren van het Hindi is Bharatendu Harischandra (1850-1885). In een toneelstuk, *Premjogini* [Hindi] komt een man van buiten Benares op het podium en steekt voor de mensen van Benares een tirade af:

> Bekijk uw Kashi eens, vrienden,
>> bekijk uw Kashi eens.
> Stad van de Heer van het universum,
>> de Onvernietigbare Heer.
> De helft van de inwoners zijn barden,
>> waarzeggers, brahmanen en asceten.
> De andere helft zijn hoeren,
>> weduwen en courtisanes.
> Kashi is vol leeglopers en cannabisverslaafden,
>> schurken, straatvegers en dieven.

Hebzuchtige leugenaars en beruchte bandieten--
    voor niets hebben ze eerbied.
Ze doen hun plicht niet,
    ze maken alleen anderen belachelijk.
Ze beledigen je als je werkt
    en halen je naam door de modder.
Rijke mensen zijn arrogante leugenaars,
    ze vereren vooral bedrog.
Lafaards die leven van aanbevelingen,
    vleiers die hoge moraal aanprijzen.
Kashi: smerige stegen vol afval
    en rot van leerlooiers.
Stinkende riolen overal
    doen je overgeven.
Kashi: agressieve, blaffende honden,
    rondslenterend vee dat alles kapot maakt.
Apen springen van het ene balkon naar het andere
    als mensen die uit de lucht vallen.
Op de *ghat*s plunderen je de Panda's,
    ze wurgen je met hun bloemenkransen.
Rituspriesters, echte bedriegers, hebben mooie taal
    maar ze beroven je van je kleren.
Ook de bedelaars laten je niet los en bedriegen je,
    ze hebben wel een grote mond.
In de tempels bedriegen je de priesters,
    de sacrale daden zijn een farce.
Als je durft winkelen bedriegt je de winkelier,
    hij vangt je in zijn net en zuigt je uit.
Als je wordt bestolen bedriegt je ook nog de politie,
    vriendelijke woorden spreken ze wel.
In het gerecht zijn er de rechters en de advocaten--
    ook zij bedriegen en laten je naakt achter.
Sluipende zakkenrollers geven je een duw
    en weg zijn ze met je geld.
Als een naakt dansmeisje, zonder schaamte,
    gaan de mensen naar de gevangenis...
Ambtenaren krijgen smeergeld en ze zijn zó vrij--
    het gebeurt elke dag.
Als je koorts hebt en je gaat naar de tempel
    ben je geruïneerd.

Met vele hongerige kindermondjes thuis
    is de moeder een slavin.
Erotische verhalen worden alom verteld
    en gretig geslikt als hemels elixir.
Bekijk uw Kashi eens, vrienden,
    bekijk uw Kashi eens.

(Dit was Benares meer dan honderd jaar geleden! De vertaling uit het Hindi is van mij).

Dezelfde auteur, Bharatendu schrijft in 1871: "Stegen worden nooit proper gemaakt. Ze liggen vol modder en de rottende mango's geven een onverdraaglijke stank. Als iemand zijn huis herstelt gooit hij de afval gewoon op straat. Koeien en buffels krijgen een plaatsje bij de mensen, maar zo worden de straten geblokkeerd. Hoeren veroveren langzaam alle straten en alcohol wordt nu overal verkocht".

Met een woordspeling op de zeer oude benaming Kashi of 'Stad van licht', legt Bharatendu in een ander toneelstuk, *Andher nagari* of 'Donkere stad' de volgende woorden in de mond van een brahmaan:

Geef mij één roepie, ik geef je mijn kaste. Voor één roepie verander ik een *dhobi* [de lage kaste van hen die de was doen] in een brahmaan, en een brahmaan in een *dhobi.* Voor één roepie kan ik alles voor je fiksen. Voor één roepie maak ik waar wat onwaar is. Voor één roepie zeg ik dat een brahmaan een moslim is. Voor één roepie maak ik een hindoe een [moslim] slachter. Voor één roepie verkoop ik *dharma* en aanzien. Voor één roepie wil ik getuigen voor wat onwaar is. Voor één roepie verklaar ik zonde een verdienste. Voor één roepie noem ik een bastaard mijn voorvader. Alles — veda's, *dharma*, voorouders, moraal, waarheid, prestige —, alles is te koop... voor één roepie".

De welbekende spreuk,

"Weduwen, stieren, trappen en asceten,
als je die kan vermijden kan je leven in Benares"

lezen we ook in Shiv Prasad Singh, *Gali age murati hai* [Hindi], 1974, blz. 145, die verder erop wijst dat Benares een zeer oude traditie heeft van bedrog en manipulatie, zelfs in mythologische tijden. In hoofdstuk 12 heb ik het verhaal verteld van koning Harischandra die bereid was de ergste folteringen te ondergaan om aan zijn verplichtingen te voldoen. Er is nog een bijkomende legende, die zegt dat hij uiteindelijk naar de hemel ging, gevolgd door al zijn waarheidsgetrouwe gezellen. De schurken en leugenaars liet hij in Benares achter!

Shiv Prasad Singh vermeldt ook het publiek debat over de *Oepanishaden*, in 1856, waarin Dayananda Sarasvati, de stichter van de Arya Samaj, het onderspit moest delven. Men vroeg hem uitleg te geven over een bepaald metrum in een of ander vers van de *Oepanishaden*. Dat metrum kende hij niet, moest hij toegeven en dat bracht hem zo in de war dat hij de rest van het debat stuntelig verloor. Nadien vernam hij dat het vernoemde metrum in feite niet bestaat! Dit en nog vele andere voorbeelden hebben Benares de niet benijdenswaardige faam gegeven dat men er alles in het tegenovergestelde kan omvormen: waarheid in onwaarheid, werkelijkheid in onwerkelijkheid. En..., onwerkelijkheid in werkelijkheid.

Zelfs als we hem het haast automatische vooroordeel van een westerling vergeven, is het toch interessant om zien wat François Bernier in 1678 over Benares schrijft[12]:

> De stad Benares, langs de Ganges prachtig neergezet, in het midden van een mooie en rijke streek, mag men gerust een belangrijke school van de Heidenen noemen. Het is het Athene van India, waar brahmanen en andere gelovigen naar toe trekken om zich aan de studie te wijden. In de stad zijn er wel geen scholen of colleges zoals we dat in onze universiteiten vinden, maar er zijn centra zoals bij ons in de oudheid. De leraren wonen verspreid over de stad in privé huizen; meestal zelfs in de tuinen van de buitenwijken waar rijke handelaars hen laten wonen. Sommige leraren hebben vier leerlingen, andere hebben er zes of zeven, en de meest bekende hebben er twaalf of vijftien. Maar dat is ook het maximum. Leerlingen blijven gewoonlijk tien tot twaalf jaar bij hun leraar, maar de studie gaat in feite zeer langzaam vooruit. De meeste zijn immers lui en dat heeft voor een groot deel te maken met hun eetgewoonte en met het heet klimaat. Ze hebben geen gevoel voor naijver en ook geen hoop dat eer of vergoeding hen ooit voor hun inspanningen zullen belonen, zoals bij ons het geval is. Daarom gaan ze traag tewerk, en niets verstrooit hen".

---

[12] François Bernier, *Travels in the mogul empire, AD (1656-1668)* [in het Engels vertaald door Irving Brock], (1891), Oxford university Press, London, 1972, blz. 334-335.

20. Architectuur in Benares

Dit gezegd zijnde is er zeker één gebied waar de toevallige bezoeker in Benares zich niet mag laten bedriegen: de architectuur van Benares! Met zijn nauwe stegen die kronkelen tussen de zeer hoge gebouwen krijg je de indruk van een toch zeer bizarre stadsplanning. Het is niet bizar! Er is een zeer strakke struktuur in de layout van de straten en de huizen; een struktuur die teruggaat tot een periode waar de architect zich nog zeer goed bewust was van de relatie die er 'bestaat' tussen het plan van een gebouw en de macrokosmische orde waarover ik schreef in hoofdstuk 2.

> "Hoe kan een individu harmonie vinden in zijn persoonlijk leven, of hoe kan een maatschappij goed functioneren? Door de orde en harmonie die heersen in de wereld die we niet zien, te brengen naar de microkosmos van het eigen bestaan".

Wij zouden misschien zeggen: 'we zijn geschapen naar Gods beeld en gelijkenis en zo moeten we ons ook gedragen'. Andere stromingen in de Indische traditie zullen het misschien zo verwoorden: 'elk individu moet zijn oor te luisteren leggen om te weten te komen wat zijn specifiek *dharma* is, de rode draad in zijn leven op die plaats in de maatschappij en op dat moment van de geschiedenis. Als hij volgens die rode draad leeft, bereikt hij harmonie'.

Onderzoekers die de *Vastu Shastra,* of Regels voor Architectuur bestuderen, proberen me te overtuigen dat wat je ook bouwt, het moet gebeuren in overeenstemming met bepaalde kosmische wetten: de ingang van je huis, de ligging van je huis, de verdeling van de kamers, enzovoort. Deze kosmische wetten zijn universeel geldend, zeggen ze, zelfs buiten India. Ik kan niet akkoord gaan, vooral als ze me erop wijzen dat ons huis in Vlaanderen 'perfect' zou zijn volgens de Indische *Vastu Shastra*. Het is niet perfect, want bijvoorbeeld onze leefkamer heeft het grootste venster naar het noorden en is voor een grote periode van het jaar koud. In India is het noorden zeer gunstig volgens de voorschriften van de *Vastu Shastra* ... en ook lekker fris of minder heet in de zomer! Adepten van de Indische *Vastu Shastra* verwerpen mijn theorie maar ik denk dat vele zogenaamd kosmische wetten en inzichten in verband met de architectuur een sacralisatie zijn van een zeer intelligente en pragmatische ervaring van de klimatologische en sociale omstandigheden. Klimaat en kaste-struktuur: wellicht zijn deze de twee basispunten van de *Vastu Shastra*. Als je de regels i.v.m. met de ideale ligging bekijkt, is het niet toevallig dat de best gerichte plek voor de brahmanen is voorbehouden, 'volgens een kosmische wet'.

Volgens deze interpretatie moet elk grondplan overeen komen met een vierkant waarin 'de Mens' (*vastu-purush*)[13] in lotushouding is neergepind. Op elk klein vierkantje van de *vastu-purush* staat een godheid die symbolisch dat onderdeeltje van de microkosmos moet bewaken. Overeenkomstig deze tekening ook worden de beelden in de tempels aangebracht. Minutieuze berekeningen van lengte en hoogte en afstand hebben ook te maken met deze voorschriften van *vastu* of 'architecturale' orde.

Deze wijsheid zat in het achterhoofd van elke architect in het oude Indië die met eerbied voor de Orde en de goden een gebouw wilde optrekken. Bewust, meestal onbewust, bepaalt die 'Mens' nu nog altijd het traditioneel, architecturaal denken in India. Ik heb me nooit kunnen laten begeesteren door de hete, betonnen structuren door Le Corbusier hier en daar in India neergepoot. Zijn idee zal wellicht nog rapper verdwijnen dan het stof van zijn beton.

De traditionele architectuur moet in een gebouw uitdrukken dat de strijd tussen goden en demonen, tussen goed en kwaad blijvend

---

[13] Deze wetenschap van de *Vastu-shastra* heb ik in meer detail uitgewerkt in mijn boek, *India. Betoverende verscheidenheid*, Davidsdfonds, 1996, blz. 71-88.

120

wordt uitgevochten. De 'Architectuur-Mens', volgens sommige geschriften, is als een kwaad individu die door de macht van de goden op elk puntje van zijn lichaam moet neergepind blijven.

> In de Oermens hebben de kosmische tegengestelden hun oorsprong (licht en donker, wit en zwart, goed en kwaad) en er is een kosmisch gevecht ontstaan tussen de tegengestelden. Eén druppel van de Oermens is op aarde gevallen en is toen veranderd in een reusachtige demon. Deze demon terroriseerde geheel de aarde. Maar uit die Oermens zijn ook de goede krachten ontstaan: de goden. Deze verenigden zich, overmeesterden de demon en gooiden hem neer op aarde en elke godheid ging zich ergens op deze gevloerde demon neerzetten en houdt hem zo nog altijd in bedwang.

Dit is het magisch vierkant van de Vastu-purush in lotushouding. Deze eerbied voor de goden wordt symbolisch uitgedrukt door grondvesten, muren en pilaren op bepaalde punten te plaatsen. De bouw van een tempel is daarom niet alleen, of niet zozeer het maken van een ruimte waar mensen kunnen samenkomen om te bidden (zoals bij ons een kerk, of een moskee of een synagoge), maar

> is vooral een bevestigen in steen dat het kwaad en de chaos worden overwonnen, zoals het op macrokosmisch niveau is gebeurd in de strijd tussen goden en de demon.

Ik wil er hier nog eens op wijzen dat het kwaad en het goede, het demonische en het goddelijke, niet (alleen) op zichzelf bestaande werkelijkheden zijn, maar ook werkelijkheden in mij, in mijn omgeving. Die twee-heid bestaat ook op macrokosmisch niveau en wordt er door de confrontatie van goden en demonen in evenwicht gehouden.

Dit is een prachtig inzicht, hoewel het toch ook soms heeft geleid tot de wildste superstitie. Het is ook de steunende kracht die het mogelijk maakte om totaal verschillende groepen mensen in Benares te doen samenwonen. Ik ben niet de enige persoon die vreest dat de nieuwe urbanisatieplannen en -ingrepen in Benares bij veel bewoners een inwendige onrust teweeg brengen.

De huizen worden gebouwd in kleine eenheden, die verdeeld zijn door de befaamde stegen van Benares. Meestal heeft een eenheid de winkels aan de buitenkant, en de woonruimte aan de binnenkant, rond een binnenkoer. Toegang tot die binnenkoer is niet zelden langs één deur, die 's nachts ook wordt gesloten. In elke eenheid woont meestal een andere groep: een hindoe subkaste, of moslims, en telkens naargelang de streek in India vanwaar ze afkomstig zijn. Ook de niet-gespecialiseerde bezoeker kan het verschil tussen de eenheden, en tussen de groepen onderscheiden: je moet alleen maar naar de winkels kijken en naar het ambacht dat erin vertegenwoordigd is: zijde, koper, boeken, kleren, enzovoort.

Laten we eens een typisch huis van Benares van dichterbij bekijken. Zonder echt in detail te gaan kan ik op enkele kenmerken wijzen die iedereen kan opmerken. Bij elke ingang die van de steeg naar de binnenkoer leidt is er een stenen verhoging. Je moet *over* deze drempel stappen, om zo symbolisch een sacrale ruimte binnen te komen. Dit kan natuurlijk wel een pragmatische oorsprong hebben — en je ziet het ook in de tribale woningenbouw —, maar in de context van *Vastu-shastra* heeft het een sterk symbolische betekenis. Als je daar binnenkomt moet een volwassen persoon normaal zijn hoofd (ook symbolisch) buigen. De ideale hoogte is 'twee keer de breedte'. Meestal is er juist voorbij de deur een hal, met een bank als rustplaats. Het is een overgangsruimte, vooraleer je binnengaat, of eventueel niet binnengaat.

Zelfs als de afmetingen van de huizen in Benares soms grondig verschillen, het grondplan blijft in principe hetzelfde. Rond de binnenkoer zie je de werkruimtes en de trappen naar de eerste verdieping. Het ideaal is dat de keuken in de zuidoostelijke hoek van de koer is, de toiletten in het zuidwesten en de leefruimte in het noorden.

Een typische vraag aan een vreemde in Benares — in feite in veel oude steden in India — is, "van waar kom je?". Dit betekent in de symboliek van Benares, "uit welke eenheid of *mohalla* kom je?". Deze *mohalla* is niet alleen een geografische verwijzing. Het is vooral een verwijzing naar de groep die bepaalde kaste- of ambachtelijke associaties heeft. De inwoners van Benares zijn er zich van bewust dat ze in de stad Benares wonen en er zijn duidelijk karakteristieken die met de stad Benares te maken hebben (zie hoofdstuk 14). In de praktijk voelen ze zich echter vooral geassocieerd met de wooneenheid, met de *mohalla*. Dit is in feite zo in vele stads- of dorpskernen overal ter wereld, maar zoals bij zoveel andere zaken heeft ook de wooncultuur in Benares een bijzonder sterke sacrale, symbolische betekenis.

De *mohalla* waartoe iemand behoort vertelt iets over de persoon, zijn kaste, zijn beroep en de streek in India waar hij vandaan komt. Sommige *mohalla*'s hebben de naam van de stichter, die enkele eeuwen vroeger ergens het eerste huis liet bouwen. Deze 'stichters' kunnen ofwel moslim ofwel hindoe zijn. Zelfs als *mohalla*-bewoners nu niet meer weten wie de stichter was wiens naam zij in de *mohalla* eren, ze zullen zich toch goed bewust zijn van de eigen karakteristieken van hun *mohalla*.

Als je de buurten van Benares bestudeert krijg je een inzicht in de geschiedenis en de lagen van uitbreiding van de stad. Het vroegste centrum was wellicht rond Chauk en *Dashashvamedh ghat*, en elke nieuwe stichter kapte de bomen af en breidde de stad uit. Hij bouwde er zijn huis, of paleis of tempel. Een van de meest recente uitbreidingen is juist voorbij de Ramnagar bridge. Daar heeft de Krishnamurti Foundation in de jaren 60 een grote eigendom gekocht, voor een school en meditatiecentrum, en... men heeft gelukkig de prachtige bomen niet omgehakt. En aan de andere kant van de stad, in Lanka, heeft de Benares Hindu University een grote campus gebouwd.

Er zijn ongeveer 500 *mohalla*'s in de binnenstad van Benares en de gemiddelde bevolking van een *mohalla* is ongeveer 1.000 mensen. Inlichtingen over de bevolking, het aantal huizen, de voornaamste kasten en de beroepen in een bepaalde *mohalla*, kan men verkrijgen in het politiekantoor dat jurisdictie heeft over de wijk. In praktisch elke *mohalla* is er een tempel, of schrijn, of moskee, of een vijver of waterput. Vóór de grote uitbreiding van Benares waren de bevoorradingspunten voor water zeer belangrijk en sommige *mohalla*'s hebben dan ook de naam van die plaatsen. Typisch ook voor Benares zijn de *mohalla*feesten ter gelegenheid van een religieuze viering. De open plaatsen en straten in de *mohalla* worden dan omgevormd tot openlucht auditoria, met spandoeken, podiums en verlichting. Iedereen is daar welkom, maar tegelijk is er tussen de naburige *mohalla*'s een (gezonde) geest van competitie. Nita Kumar merkt op:

"Door de geest van competitie zijn de straataktiviteiten gestegen. Ook kleine schrijnen krijgen elk jaar een belangrijker verjaardagsfeest. De ganse nacht wordt dan muziek over de luidsprekers gejaagd. Er zijn kermissen en alles wordt versierd met als bijkomend doel: aan de andere *mohalla*'s laten zien wat men kan. Zou het niet beter zijn dat de organisatoren van deze feestelijkheden hun energie en geld zouden besteden aan echte ontwikkeling van de buurt: herstellen van de weg en van de *ghat*, en het opkuisen van de openbaren plaatsen" ... "In feite is de *mohalla* het centrum van alle aktiviteiten. Moslims zullen bij voorkeur de huwelijken regelen tussen personen van dezelfde *mohalla*. Vrouwen gaan meestal niet veel buiten de *mohalla*, of ten hoogste naar de naburige *mohalla*'s. Mannen kunnen gemakkelijk de gehele stad rondlopen, voor zaken of voor hun plezier. En iedereen, man of vrouw, zal alleen met superlatieven en grote eerbied spreken over hun eigen *mohalla* en een beetje smalend over die van anderen". (In: Couté & Léger, *Bénarès,* blz. 36).

21. Annapurna. God als vrouw

De doorsnee toerist in Benares maakt een boottochtje tot aan de crematiegrond en wordt dan naar de 'Gouden tempel' geleid om van op een dakterras een foto te nemen van de gouden koepel. 'Toegang verboden voor niet-hindoes' staat er aan de ingang geschreven, en iedereen schuift verder langs de kleurrijke winkeltjes. Weinigen weten dat de zeer belangrijke tempel van Annapurna of 'Zij die overvloedig voedsel brengt' heel dichtbij staat. Geen enkele hindoe bedevaarder zal deze tempel overslaan. Iedereen wil Haar zien. Zij is de 'energie' van Shiva en wordt hier vereerd als 'Zij die leven geeft'. Zij heeft geen wapens in de handen (zoals Durga), maar een kookpot en een lepel. Men zegt dat Annapurna en Shiva in Benares een overeenkomst sloten:

> Zij zou tijdens het leven eten bezorgen,
> Hij zou na de dood bevrijding geven.

Zoals D. Eck (*Banaras. City of light,* blz. 161) opmerkt: "Shiva is van Annapurna afhankelijk om te leven en in leven te blijven en hij wordt op veel populaire afbeeldingen voorgesteld als iemand die van haar een aalmoes vraagt". Een beeld dat perfect past in de analyse die ik verder maak.

De gelovige hindoe kon/kan bidden tot God als 'zelfstandige vrouw', als 'vrouw-partner-van', als 'man-vrouw' of als 'mannelijke god in een vrouwelijke vorm'. Op het eerste gezicht zijn de westerse bezoekers aan India, en in feite vele moderne hindoes, geneigd 'god-als-vrouw' in het hindoepantheon louter te zien als 'een partner van de god-als-man' en dus als een weerspiegeling van het beeld van de vrouw in de maatschappij nu. De beelden in de tempels, meer dan een millennium oud, geven inderdaad een kleinere gestalte aan de vrouwelijke partner van de godheid: de vrouw in een onderdanige positie tegenover de man. De stromingen die sinds vooral 500 jaar de religiositeit van velen bepalen, projecteren duidelijk een beeld van de 'goddelijke' vrouw die als prototype moet dienen voor de vrouw in de maatschappij.

> Sita, de echtgenote van Ram, prins van Ayodhya en incarnatie van Vishnoe, is het prototype van de trouwe echtgenote die door elke vrouw moet worden nagevolgd. Als Radha, de gehuwde vrouw in Vrindaban, alles achterlaat en tegen alle taboes ingaat om Krishna te volgen, wordt duidelijk gesteld dat alleen tegenover God, Krishna, dergelijk gedrag toegelaten is. Tijdens het jaarlijkse processiefeest in Puri, gaat de god Jagannath (Vishnoe) op verlof voor één week en laat zijn vrouw Lakshmi in de tempel achter. Ritueel wordt gesuggereerd dat zelfs de onderdanige vrouw zich daarover vragen stelt: Lakshmi laat Jagannath niet terug in de tempel binnen, tot de koning van Puri zelf komt aandringen. Talloos zijn de voorbeelden waaruit blijkt dat in de huidige maatschappij de god-als-vrouw een voorbeeld of weerspiegeling moet zijn van wat er in de maatschappij omgaat of moet omgaan: de vrouw in functie van de man.

Zelfs als deze analyse correct is, is het zeer de vraag of dit beeld oorspronkelijk in het religieuze gevoel van de Indiër aanwezig was. Tegen deze achtergrond wil ik een beschrijving geven van de intense hindoetraditie om te bidden tot 'god-als-vrouw'.

Elke reis door India confronteert je met nieuwe situaties en inzichten, met verdieping en nuancering van vroegere opinies. Je kan jarenlang iets aanvoelen en plots bij het schouwen van een bepaald beeld tot een dieper inzicht komen. Dit is mij overkomen bij het zien van het Chamunda beeld bij Mysore, hoog op een heuveltop. Bij vorige bezoeken was me niets bijzonder opgevallen: nu zag ik er als in een visie de millennia oude cultus van God-als-vrouw in, handig overgenomen in het hindoepantheon met een verhaal. Het beeld stelt 'de vrouw-van-Shiva'... hier loopt het al mis. Het gaat niet om 'de-vrouw-van', maar om Devi, of Durga, of Mahish-asur-mardini: zij die de mannelijke demon (*asur*) Mahish versloeg. Zij is een zeer populaire godheid in India en niet alleen bij vrouwen: zij was de patrones van de hindoekoningen van Mysore. Uit het verhaal blijkt waarom. Hier zien we ook een voorbeeld van handige assimilatie van een lokale, vrouwelijke godheid in het hindoepantheon.

Een demon had meer dan duizend jaar lang op één voet in het water gestaan om de vedische god Indra te vereren. Als beloning zou hij een zoon krijgen die de gehele wereld zou veroveren, die zich naar wens in gelijk welke gedaante zou kunnen veranderen en die niet kon verslagen worden door een god of door een *man*. Deze zoon werd verwekt toen de demon langs een malse weide stapte waar een prachtig blinkende buffel-koe stond te grazen. *Désir d'amour* en...de zoon, Mahish genaamd, was half mens, half buffel. Hij werd omwille van zijn kracht tot koning van de demonen uitgeroepen.

En alweer krijgen we een verhaal over de (mythologische) strijd tussen goed en kwaad.

Mahish vindt dat zijn tijd gekomen is om het heelal te veroveren en hij zendt een gezant naar de machtige vedische god Indra, met het verzoek zijn rijk aan hem af te staan. Na wat diplomatieke dreigementen maken de demonen en goden zich klaar voor een epische strijd, een wereldoorlog waarbij iedereen is betrokken: de machtige Shiva met zijn drietand, Vishnoe met zijn discus en miljoenen kleinere goden. Brahma kijkt van op afstand toe. Mahish verandert zichzelf voortdurend in andere vormen en in duizenden schijnvormen en richt een ware slachtpartij aan onder de goden. Teneinde raad trekken zij zich naar hun hemelen terug om overleg te plegen.

En dan blijkt dat het voorbestemd was dat Mahish alleen door een vrouw kon worden verslagen. Geen enkele godin is echter in staat om de zware taak op zich te nemen en door de gemeenschappelijke wil van de goden ontstaat de godin Devi. Zij is een voorbeeld van stralende schoonheid en lieflijkheid, maar ook van onverbiddelijke dapperheid. Met één kreet doet ze het heelal daveren en Mahish is gestoord in zijn overwinningsroes. Eerst zendt hij een kleine afdeling van zijn leger naar Devi, maar op één na worden allen in de pan gehakt. Een tweede leger ondergaat hetzelfde lot. Tenslotte neemt Mahish de gedaante aan van een aantrekkelijke prins en doet Devi een nederig huwelijksaanzoek:

"Als U mijn koningin wordt, zal ik Uw slaaf zijn en ons rijk zal zich tot het einde van het heelal uitbreiden. Ik kniel onderdanig voor U neer en indien nodig, wil ik zelfs mijn leven voor U geven". Devi wijst hem brutaal af en verklaart hem de oorlog. De buffel-demon neemt allerhande vormen aan om haar oorlogstuig te ontwijken. Tenslotte neemt hij zijn ware buffelgedaante aan en in een woest gevecht wordt hij door Devi afgemaakt. Al de (mannelijke!) goden prijzen Devi als de beschermster van het recht en de wreekster van het kwaad.

En zo ook wordt Mahish-asur-mardini door de gelovige vereerd. Als dit verhaal in geuren en kleuren wordt verteld, weet de pelgrim dat zijn lange tocht niet tevergeefs is geweest. Sommige onderzoekers stellen dat de 'zelfstandige vrouwelijke godheid' later werd 'bevorderd' tot vrouw van Shiva. Ook zou de 'zelfstandige godin' eerder zijn vereerd door de lagere bevolkingsgroepen, terwijl de 'godin gehuwd met...' bij voorkeur door de hogere bevolkingsgroepen wordt vereerd. Opvallend is dat de 'zelfstandige' godin er andere huwelijkspraktijken op na houdt dan de 'godin-als-partner', die duidelijk een maatschappelijk voorbeeld van echtelijke trouw moet stellen!

Als je dan boven op de Chamundi Hill bij Mysore staat en er de ritus schouwt voor de godin Chamunda — de plaatselijke naam voor Devi of Durga —, kunnen brede horizonten van oeroude godsdienstgeschiedenis opengaan. Vooral in Zuid-India kan de ritus van Devi je terugbrengen naar de vroegste lagen van religieuze ontwikkeling in India, toen religie nauw verbonden was met de aarde en vruchtbaarheid. En in dat perspectief is de associatie met de mannelijke god Shiva duidelijk van latere datum.

De westerse mens, uit het judaïsme en de Griekse filosofie gegroeid, heeft aanvankelijk moeite om zich in een 'moeder-godin' religieus patroon in te leven. Nochtans is dat waarschijnlijk een zeer vroeg fenomeen van religiositeit, verloren in onze niet-agrarische maatschappij. Het is niet toevallig dat de aarde als vrouwelijk wordt voorgesteld. Zij 'bevat' als een moederschoot, zij 'voedt' als een moeder, 'zij 'verandert' met de seizoenen zoals een vrouw op verschillende niveaus een cyclus doormaakt. Mede omwille van deze symboliek, die nauw verwant is met vruchtbaarheid en leven, werden 'goddelijke krachten' gemakkelijk als 'vrouwelijk' voorgesteld. De invasie van de man in de goddelijke wereld, zoals de Zonnegod Apollon die uit de zee kwam, is van latere datum.

In deze context denken we ook aan Moeder Aarde, een mooie godin met kloeke borsten, die op een bepaald punt in de godsdienstgeschiedenis van Indië bedreigd wordt door de demonen: zij wordt door de *mannelijke* god Vishnoe, in de vorm van een Ever gered uit de onderwereld. Met dit beeld, veelvuldig voorkomend in oude hindoetempels, wordt een belangrijke stap gezet in de evolutie van het religieuze denken. De 'mannelijke' god redt de 'vrouwelijke' godheid. In ruw graniet hebben hindoebeeldhouwers deze visie met grote tederheid uitgekapt.

In vele culturen zijn grotten, rivieren en heuvels heilige, vrouwelijke symbolen. Dit vinden we terug in India in o.a. de struktuur van de tempel. Onze gotische kathedralen hebben het hoogste punt in de kerk boven het centrale schrijn. In de hindoetempel ga je van de openheid, grootsheid en uitbundigheid van het uiterlijke leven naar de inwendigheid, de kleine ruimte van het allerheiligste: een donkere kleine ruimte, 'moederschoot' (*garbh-grih*) geheten, waar het goddelijke beeld zich bevindt. Hier mogen we opmerken dat ook de vijver, die zich per definitie bij elke tempel moet bevinden, het diepere contact met Moeder Aarde symboliseert. Een gelijkaardige symboliek is ook te vinden in 'heilige bomen', overal in India, die een contact met Moeder Aarde suggereren, zoals weleer in het Griekse Dodoni, de heilige Eik een plaats voor orakels was. (Meer dan duizend jaar lang heeft zich rond deze eik een heilige rite voltrokken, tot de christen Diocletianus hem met wortel en al vernietigde!).

Elk van de 'vrouwelijke' kenmerken van de Aarde en van het Heilige, hoger vermeld, zijn positief. We vinden ze ook terug in de 'zelfstandige' godin in het hindoepantheon. Maar de Aarde symboliseert ook donkere krachten en dood, het tegenovergestelde van alles wat leven is. En ook dat is aanwezig in de godin Devi. In het verhaal van Mahish-asur wordt de vernielende kracht van Devi sterk benadrukt. Die negatieve krachten komen het sterkst tot uiting in de figuur van Devi die als Kali bekend is. Zij wordt over geheel India vereerd, elke dag worden voor haar in Calcutta dierenoffers (vroeger mensenoffers) opgedragen. Zij is schrikwekkend, zij is dood en vernieling. Tien hoofden en evenveel sissende tongen zijn niet voldoende om haar wreedaardigheid uit te beelden. Zij wordt met soms 18 armen afgebeeld om haar niets ontziende kracht te beklemtonen. Een krans van afgehakte hoofden siert haar hals en *zij* danst bovenop het lijk van (haar man) Shiva. Zij is de tijd en de dood en toch wordt ze ook aanbeden als een tedere moeder.

Het is niet toevallig dat de kleur van Kali donkerblauw of zwart is. Dit zou te maken hebben met de identificatie van deze godin (en van haar naamgenoten elders in India) met de donkere aarde, symbool van vruchtbaarheid.

BOEKENLIJST

François BERNIER, *Travels in the Mogul empire, AD 1656-1668*, (tr. by Irving Brock), (1891), 3rd ed. 1972, Oxford University Press, London.

Pierre-Daniel COUTÉ & Jean-Michel LÉGER, *Bénarès. Un voyage d'architecture, an architectural voyage*, ed. Creaphis, Paris, 1989.

Paul B. COURTRIGHT, *Ganesh, Lord of obstacles, Lord of beginnings*, Oxford University Press, 1985.

Diana ECK, *Banaras. City of light*, Routledge & Kegan Paul, 1983.

Philip LUTGENDORF, *The life of a text. Performing the* Ramcaritmanas *of Tulsidas*, University of California Press, 1991.

J. PARRY & M. BLOCH, Eds, *Money & the morality of exchange*, Cambridge university press, 1989.

Tadeus PFEIFER, *Im Grass gruscht freundlich der Affe*, 1989, von Loeper Verlag, Karlsruhe, 1989 (translated into English by Suzanne Leu).

A.K. RAMANUJAN, *Speaking of Shiva*, Penguin classics, (1973), 1985 (de geciteerde heiligen zijn van de 10-12e eeuwen)

A.K. RAMANUJAN, *Hymns for the Drowning*, Princeton Library of Asian translations, 1981.

Rana P.B. SINGH, *Where cultural symbols meet. Literary images of Varanasi,* Tara Book Agency, Varanasi, 1989.

Rana P.B. SINGH, Ed., *Banaras (Varanasi). Cosmic order, sacred city, hindu traditions*, Tara Book Agency, Varanasi, 1993.

Kedar NATH VYAS, *Panchakroshatmak jyotirlinga kashimahatmya*, (Hindi), Gyanvapi, Varanasi, 1987.

INDEX

Hanuman, aap-god, trouwe dienaar en toegewijde van Ram; in Benares wordt zelfs gezegd dat hij een vorm van Shiva is   91vv

Harischandra, legendarische koning; naar hem is een *ghat* en een van de twee crematiegronden in Benares genoemd   76, 117

Jnana Vapi paviljoen, eindpunt van de verschillende ommegangen rond Benares; daar kan je een laatste schenking doen en de laatste resten van de zondigheid kwijt geraken   15

Kapal Vimochan schrijn, de plaats waar Bhairav het hoofd van Brahma kon afschudden en tegelijk van de schuld van die gruwelijke moord kon verlost worden   39, 40 (zie ook Sankat Mochan tempel)

Kashi of 'lichtstad', een naam voor Benares   5

Kashi Khanda, Sanskriet tekst waarin de lof van Benares wordt gezongen   3

Kashi Labh Mukti Bhavan, 'huis der stervenden'   27

Kashi Rahasya, Sanskriet tekst waarin de lof van Benares wordt gezongen   4

Karma of handeling, is de wetmatigheid in de kosmos waardoor elk individu de gevolgen van zijn of haar daden draagt, nu en vooral later (in volgende levens)

Kapal Vimochan tempel   10

Kedar ghat   150

Krishna is een *avtar* of neerdaling van de god Visnoe. Rond Krishna is er een heropleving van intense devotie geweest vanaf de jaren 1500 en daarin situeert zich de Hari Krishna beweging. Krishna is de hoofdfiguur in de *Bhagavadgita*

Kshatriya, tweede kaste in de hindoe hierarchie, naast de brahmanen, de Vaishyas (handelaars en boeren), de Shoedras, en tenslotte de kastelozen en 'geklasseerde kasten'. Deze laatse groep is bijna de helft van de hindoe bevolking. Elke 'kaste' is onderverdeeld in honderden subkasten en families. In een mythe wordt verteld dat de god Vishnoe neerdaalde als Parshuram om die Kshatriya kaste van de aardbodem te doen verdwijnen. Het is niet gelukt.

Lingam, een fallisch symbool dat als de aanwezigheid van de god Shiva wordt vereerd   45vv.

134

Waar de Ganges een
grote bocht maakt
naar het Noorden
vestigden zich
asceten op de
linkeroever, sinds
1000 vóór Christus.
Als ze daar
's morgens een bad
namen konden ze
tegelijk de zon
vereren die boven de
Ganges rees in het
oosten.
Zo is Benares
ontstaan, een stad
van vele goden en
veel gewone
menselijkheid.

Bij de lieflijke *Asi ghat* stroomt de
kleine Asi rivier in de Ganges.
Met welke plaats in Benares is er
geen legende verbonden? Dit
riviertje wordt geassocieerd met
het verhaal van de godin Durga
die tijdens een gevecht met een
demon hier haar zwaard zou
hebben verloren. Zo werd het
riviertje uitgekliefd, dat
verbonden was met de Durga
Kund of 'vijver van Durga' dicht
bij de Durga tempel (of 'Monkey
temple'). Nu zullen toch stilaan
de oudste mensen zijn gestorven
die in hun jeugd hier nog een
mooi bos wisten.

De Lingam of
'fallische afbeelding'
is geen beeld van
Shiva, het is Shiva
zelf. In alle formaten
uit zandsteen of
graniet gekapt,
wordt de Lingam in
geheel India vereerd.

Ook bomen worden
vereerd, en niet alleen
om ecologische
redenen. Bomen zijn
symbolisch voor de
mens en voor de
familie en een gebed
tot een boom is als een
gebed om voor zichzelf
en voor de familieband
diepe wortels te
krijgen. Maar worden
tegelijk in India niet
teveel bomen gekapt
om brandstof te
hebben, o.a. voor de
crematies?

In India en in Benares
blijft niet alleen de
bevolking op
dramatische wijze
stijgen. De 'welvaart'
doet de mensen ook
de voordelen van de
vooruitgang
ondergaan en het zal
een sterk stadsbestuur
moeten zijn dat zal
beslissen om auto's en
bussen buiten de voor
voetgangers en
paardekarren
gebouwde binnenstad
te weren.

De riksjafietser moet
een deel van zijn
karig dagloon
afstaan aan de
verhuurder. Hij doet
meestal zeer intense
maar korte
inspanningen en
biedt de passagier
verplaatsing...

...én een veilige
doorgang door het
drukke verkeer.
Zes maanden per jaar
doet zelfs een korte
wandeling door
Benares je hard
transpireren.

Veel redenen maken de koe heilig en nuttig. Om insecten te weren wordt de koestront verdund over de (lemen) vloer van het huis gesmeerd. Koestront wordt door veelal kinderen en vrouwen van de straat opgeraapt en in koeken op de muur geplakt om te drogen: het is een goedkope brandstof. In vele dorpen wordt nu uit beerputten biogas gewonnen als alternatieve brandstof. Een *chapati* op een koestront-vuurtje klaargemaakt is bijzonder lekker, mede omdat het een traag vuur is.

Harischandra ghat. Voor sommigen is een crematie hier te verkiezen boven de meer populaire *Manikarnika ghat,* omdat deze plaats geheiligd is door de trouw en boete van koning Harischandra (blz. 76).

Ook de 'onaanraakbare' Bhangi's zijn hiërarchisch in veel groepen onderverdeeld. Zij vegen het vuil weg en reinigen de toiletten in de huizen. De 'religieuze' indeling van de hindoe maatschappij in vier hoofdkasten, en daarnaast de kastelozen, met talloze subkasten in elke groep, heeft te maken met de grote verscheidenheid van bevolkingsgroepen die van oudsher in India waren of er binnenvielen.

De maharadja van Benares
H.H. Maharaja Vibhuti Narain
Singh heeft zijn paleis in
Ramnagar aan de overkant van de
Ganges, een herinnering aan de
praal en grootsheid van weleer.
Vele maharadja's uit de Britse tijd
(vóór 1947) hebben in Benares een
paleis of een optrekje.

De grote meerderheid
van de inwoners in
Benares eet alleen
vegetarisch, en voor
niet weinigen is de
aardappel de enige
groente...

...maar alle groenten in
Benares zijn dagvers!

Wie weet waar ze groeien en hoe ze hier
elke dag geraken, maar talloze bloemen
worden aan de pelgrims verkocht om aan
de godheid in de tempel of aan de Ganges
te offeren. Een bloem eens geofferd mag
aan niemand nog worden aangeboden. Als
je ergens gastvrij wordt ontvangen en met
een bloemenkrans wordt vereerd, mag je
die enkel bijhouden of ergens opzij leggen.

De beste *pan* – een
mengeling van blaadjes,
betelnoot, kalk en nog
meer –, wordt vers in
Benares gemaakt.
Eén op twee van de
kankers in India zouden
mondkankers zijn te
wijten aan overmatig
gebruik van betelnoot.

Op de vóór-verpakte *pan*-pakjes staat nu gedrukt
dat 'het gebruik kan schadelijk zijn voor de
gezondheid'. Geen gevaar, zeggen de adepten,
als je geregeld je mond 'en je tong' reinigt.
Ook in gesofisticeerde families krijg je soms een
pan aangeboden als digestief.

We treffen de verering van de slang aan in vele (niet enkel oude) culturen, maar wellicht is de cultus nergens zo opvallend aanwezig in de literatuur en de iconografie als in India, en dit sinds meer dan 3000 jaar. De cultus wordt geassocieerd met voorspoed en vruchtbaarheid, want de Naga's of 'slangenkoning' (Nagini is 'slangenkoningin') brengen o.a. regen. De Naga's leven in de onderwereld en op de bodem van rivieren en meren. Vandaar ook de associatie met watergeesten. Uit het groot aantal mythen die met Naga's te maken hebben blijkt hoe fel verspreid de cultus van de Slangegoden was in India. Heel waarschijnlijk moeten de wortels van deze cultus gezocht worden in de een pre-vedische context en werd de bestaande cultus handig overgenomen in het hindoe pantheon.

De chaos van de materiële wereld is bedrieglijk. Het is de geestelijke kracht die honderdduizenden een bad doet nemen in de onreine rivier die reinigt. *Kedar ghat,* halfweg tussen Asi en Dashashvamedh wordt vooral op maandag bezocht door de echte bewoners van Benares. Pelgrims komen hier minder omdat de Panda's die hen begeleiden hier geen commissie zouden krijgen! Samen met de Kedar tempel bovenop is deze plaats bijzonder heilig, mede omdat ze herinnert aan een berg in de Himalaja waarmee Shiva sterk verbonden is.

Aan het uiterlijk te
zien zijn er in
Benares, zoals in
zovele heilige
plaatsen in India,
veel onthechten
(sadhoe's) die alleen
nog het geestelijke
zoeken. Maar wie
kan het hart van de
mens doorgronden?

टाइल्स कं.प्रा.लि.
के निर्मिता व नियांत कर्ता

De *Gyan Vapi moskee*. Stel je voor dat een deel van de Sixtijnse Kapel in Rome werd afgebroken om er een hindoe tempel te bouwen. Reeds meer dan driehonderd jaar staat de *Gyan Vapi moskee* in het hartje van Benares, naast (en op?) de Gouden tempel van Shiva.

Tot in Zuid-India kan
je ze vinden, de Sati-
stenen als herdenking
aan een dappere
echtgenote die levend
(maar gedrogeerd?)
met haar overleden
echtgenoot werd
verbrand. Echte
trouw? Of een
heldhaftige oplossing
voor de sociaal
minderwaardige status
van de weduwe?

"Weduwen, stieren, trappen en asceten,
als je die kan vermijden kan je leven in Benares"
(blz. 117).

De 'heilige' Ganges, langs de haren van
Shiva op aarde neergedaald, biedt
reiniging van zonden en van ander vuil.
Bron van inkomsten voor velen. Bedreigd
door nucleaire pollutie als ooit de
energiebron barst die in de gletsjer
waaruit de Ganges ontspringt, is
achtergelaten! In de jaren zestig werd in
de Indiase Himalaja een 'spion' geplaatst
om naar China te kijken. Door het
noodweer gedwongen moesten de
bergbeklimmers de nucleaire aandrijving
achterlaten..., en ze hebben het tuig nooit
teruggevonden. Decennia later is het
schandaal uitgebroken. Afwachten maar.

Om aan de overkant
van de 'oceaan van
hergeboortes' te
geraken is sterven en
gecremeerd worden
in Benares sterk
aanbevolen, ook als
er niet genoeg geld is
om voor voldoende
hout te betalen.

Aan de overkant is een lijkbaar
aangespoeld. Het lijk is wellicht
door de schildpadden in de
rivier verorberd. In
tegenstelling tot de Semitische
religies die het lijk 'bewaren', is
voor de hindoe het lichaam
maar een tijdelijke woonst, niet
gemakkelijk om te verlaten
voor wie 'onwetend' is.
Iedereen heeft al veel lichamen
gehad en misschien moeten
velen nog in verscheidene
lichamen terugkomen.

Iedereen, ook de armste, heeft de kans om in Benares te zijn op het moment van het overlijden. Daar immers fluistert Shiva de geheime *tarak-mantra* of 'formule om aan de overkant te geraken' in het oor van de stervende. Wat is die *mantra*, wie kan ze weten? Sinds eeuwen wordt hierover gespeculeerd en volgens sommigen is het *'OM'*, volgens anderen is het *'Ram Ram'*.

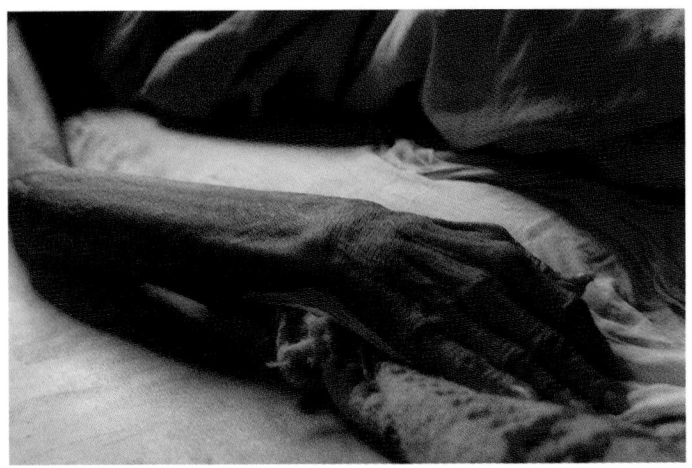

In het Huis der
Stervenden (*Kashi Labh
Mukti Bhavan* of 'Huis
in Benares waar de
bevrijding wordt
verleend') wordt geen
genezing, alleen
stervensbegeleiding
aangeboden. (voor de
Dagelijkse Routine, zie
blz. 27).

Soms meer dan honderd
lijken per dag worden op
de *Manikarnika ghat*
gecremeerd, met
meerdere tientallen kilo's
hout voor elk vuur.

Als er na één crem atie hout overblijft, wordt het gegeven aan hem of haar die te weinig had. Je mag hierbij natuurlijk niet denken aan de ontbossing van India, alleen maar omwille van de crematies.

Boven de beroemde crematiegrond op Manikarnika ghat staat de *Tarakeshvara tempel*, waar Shiva de *tarak-mantra* of 'mantra die je over de rivier neemt' in het oor van de overledene fluistert.

Leven én crematie, schepping én vernietiging: één ervaring in Benares. Geen enkele pelgrim zal nalaten om de put bij de Manikarnika crematiegrond te bezoeken. Daar zou Vishnoe de energie hebben opgebracht nodig om de wereld te scheppen. Met zijn transpiratie werd de put gevuld en toen Shiva en Parvati er een bad gingen nemen viel een oorring (*mani-karnika*) in het water. In het paviljoentje ernaast vereert elke pelgrim de voetafdruk van Vishnoe.

Weinig toeristen maken hun entrée in Benares per boot stroomopwaarts, vanaf Kashi station. Het is zo zalig! Ver weg van het gewoel en de drukte, en je hoort alleen het pletsen van de roeispanen en het kloppen van de kleren die de mensen op de stenen slaan om te wassen.

Enkele indrukwekkende
moslim mausolea en
moskees herinneren aan
de grootse aanwezigheid
van de mogols (ca. 1550-
1700) in India. Vlakbij
Lal Khan's mausoleum
werden opgravingen
verricht. Het eerste paleis
van Benares zou hier
gestaan hebben.

Met hun 38% van de bevolking nu (tegenover 12% over geheel India) zijn de moslims in Benares een belangrijke, maar economisch zwakke groep in de heilige hindoe stad. De moslim wevers domineren de zijde-industrie, maar de meesten leven in armoedige stegen.

Zalfjes met allerhande geuren en kleuren en betekenissen worden op het voorhoofd en de bovenarmen aangebracht.

In de herfst worden aan de bamboes langs de rivier lichtjes opgehangen om de geest van de overledene te leiden.

Bij de *Panch-ganga
ghat* 'waar de vijf
Ganges'
samenkomen vereert
de pelgrim vooral de
rivier Ganges zelf, en
de (ingebeelde)
bijrivieren die
symbolisch zijn voor
al de heilige rivieren
in India. Het is een
prachtig zicht, op de
vollemaan nacht van
oktober-november,
wanneer honderden
lichtjes worden
aangestoken en
geplaatst in de
gaatjes van de toren.

In een land waar te veel
of te weinig regen het
slagen van de oogst
bepaalt is water
uitermate belangrijk. In
India werd het heilig,
verbonden met het
sacrale. In een heet
klimaat is een bad
essentieel. In India werd
het een sacrale daad.

Shiva wordt met grote zorg en
volgens precieze voorschriften in de
Lingam vereerd.

Je kan urenlang
langs de Ganges
stappen, over de
stofferige zandstenen
trappen en overal
vind je wel een
plekje waar iets
speciaal te zien is.

Niet alleen na een
overlijden worden de
diensten van de
barbier gevraagd, en...

...niet alleen van je
zonden word je
gereinigd in de Ganges.
De lage kaste *dhobis*
slagen erin om er ook de
was in proper te krijgen.

En naast de *dhobi*s
krijgen ook de
buffels een beurt,
stroomopwaarts van
de *Dashashvamedh
ghat* waar de meeste
pelgrims een ritueel
bad nemen. "Maar
het water blijft
proper", verzekerde
me ooit eens een
echte Benarsi, "de
Amerikanen hebben
het in een flesje
bewaard en na
honderd jaar was het
nog drinkbaar!".

Je kan je nergens ter
wereld een betere
speeltuin voor
kinderen indenken
dan de *ghat*s van de
Ganges in Benares.
Alles kan er, alles
mag er, en wie rustig
wil luisteren kan
eeuwenoude
wijsheid opdoen.

Een school voor moslim meisjes, in een land waar de jongens meestal meer kansen krijgen.

Maar onderwijs is niet voor iedereen weggelegd. Een totaal verbod op kinderarbeid brengt wel in de meeste gevallen alleen nog meer armoede.

Sinds eeuwen is
weven de ruggegraat
van de Benares
economie. Is het
geheim van de
zijderups ooit uit
China of met de
mogols in India
gekomen? (blz. 5)

Zilver wordt tot zeer
dun 'papier' geklopt
en dient als
bovenlaag voor de
befaamde Benarsi
snoepjes. Veel
souvenirs die
blinken in de
winkeltjes in de
stegen zijn het
resultaat van
ambachtelijk en
soms zwaar werk.

Zonder bijzondere
bescherming tegen
de chemische stoffen
worden koperen
platen klaargemaakt.

Optochten in
koloniale
klederdracht en
fanfares die een
huwelijk begeleiden
worden stilaan
vervangen door
luidsprekers, maar
het lawaai blijft
oorverdovend.

Bij de gastvrije
Mishra's leeft de
traditie dat alleen
mannen, eventueel
als vrouwen gekleed,
een dansvoorstelling
mogen geven.

Vroeger fakkels, nu buislampen verbonden met een complex dradensysteem begeleiden de nachtelijke toneelstoeten, toneelopvoeringen en allerhande culturele aktiviteiten. Vooral tijdens de herfst is een groot deel van de Benarsi bevolking met deze aktiviteiten begaan en wordt door velen meer overdag dan 's nachts geslapen (blz. 86vv).

Een 'Ramlila' of 'toneel van Ram' kan weken duren en de totale creativiteit van een *mohalla* of wooneenheid wordt hierin uitgeleefd (blz. 123-124).

De verhalen in het
*Ramayan*epos zijn zo
uitgebreid en vol
fantasie dat alle
kleuren van de
regenboog niet
volstaan om ze uit te
beelden. De prinsen
of demonen in het
verhaal worden
zorgvuldig
uitgebeeld, en ook
de vrouwenfiguren
worden door
mannen of jongens
gespeeld.

In het Hertenpark,
Sarnath op enkele
kilometers buiten
Benares zou de
Boeddha zijn
inzichten voor de
éérste keer aan een
publiek hebben
kenbaar gemaakt.
Boeddhistische
monniken, vooral
uit Tibet, maar ook
uit Thailand en Sri
Lanka studeren in
Benares en vereren
de heilige site van de
Boeddha.

Met schilderijen, in
levensgrote beelden
en in de kleurrijke
tempels die elk hun
eigen nationale kleur
en stijl hebben
wordt in Sarnath een
ware boeddhistische
sfeer geëvoceerd.